Yassine Ayadi

Web Intelligence & Web Sémantique

AF209956

Yassine Ayadi

Web Intelligence & Web Sémantique

Cours et exercices corrigés

Presses Académiques Francophones

Imprint
Any brand names and product names mentioned in this book are subject to trademark, brand or patent protection and are trademarks or registered trademarks of their respective holders. The use of brand names, product names, common names, trade names, product descriptions etc. even without a particular marking in this work is in no way to be construed to mean that such names may be regarded as unrestricted in respect of trademark and brand protection legislation and could thus be used by anyone.

Cover image: www.ingimage.com

Publisher:
Presses Académiques Francophones
is a trademark of
International Book Market Service Ltd., member of OmniScriptum Publishing Group
17 Meldrum Street, Beau Bassin 71504, Mauritius

Printed at: see last page
ISBN: 978-3-8416-3566-2

Copyright © Yassine Ayadi
Copyright © 2015 International Book Market Service Ltd., member of OmniScriptum Publishing Group
All rights reserved. Beau Bassin 2015

Sommaire

CHAPITRE I : VERS UN WEB DE DONNEES LIEES

I. Brève Historique du WEB

En juillet 1945, un grand monsieur qui s'appelle **Vannevar BUSH** à écrit à l'époque un article intitulé «*As We May Think* », en français « *Comment nous pouvons penser* ».

Dans cet article, **BUSH** s'adresse à l'ensemble de la communauté scientifique, en disant que le nombre de livres que les scientifiques ont lu pour garder les connaissances dans leurs domaines sont énormes, et il prévoit un moment où on ne pourra pas suivre cet explosion de nombre de livres, il propose de considérer ce problème come un problème scientifique.

Dans son article il imagine un système qu'il l'appelle le *MEMEX* qui permettra à quelqu'un de lire et de consulter deux documents, mais aussi de faire des liens entre eux et noter les liens d'associations qu'il a trouvé.

L'idée étant, que si un jour cette personne revient sur l'un de ces documents, le système lui rappelle automatiquement l'autre document, qu'il a lu. D'une certaine façon une partie de la mémoire, était externalisée, alors techniquement c'est très difficile à faire en 1945. Il va donc falloir attendre 20 ans, et un autre grand monsieur qui s'appelle **TED Nelson** pouvait utiliser les ordinateurs et implémenter le *MEMEX*.

TED proposait une structure de fichier qui permettrait de découper les fichiers en morceaux et de relier les morceaux entre eux afin de naviguer entre ces derniers. Il appelait cette structure de fichier **Hypertexte**. Dans le même article, il généralisait l'idée d'hypertexte à **hypermédia**, et il prévoyait dans le futur, un moment où en gérera de la même façon des collections multimédia, et en passera d'un morceau de texte, à un extrait de film, un morceau de musique.

Plus de 20 ans après, **TIM Berners-Lee** reprenait ces idées. Il proposait d'aller plus loin cette fois-ci, en évoquant que l'hypertexte ne reste pas sur une seule machine, et que les documents soient distribués sur le réseau, de façon à ce qu'un document puisse pointer sur un autre document qui n'est pas sur la même machine.

TIM proposait un système de lien entre les documents, qui n'est plus limité à un seul système d'une seule machine, mais pourrait traverser le réseau. Il inventait le WEB entre les années 89 et 90.

II.   Principaux architectures

Intéressons nous aux principaux architectures du WEB, notamment dans l'objectif de voir comment les adapter pour aller vers le WEB de données.

La figure 1, montre une copie de l'écran d'un navigateur datait des années 89-90. Elle montre tous les éléments classique du navigateur, les liens bleu qu'on a envie de cliquer pour naviguer et le menue du navigateur. Dans ce menu du navigateur, on voit une option *Edit* qui nous permet de modifier la page.

En effet lorsque le WEB est né, il était non seulement un point accessible en lecture à tout le monde, mais il était aussi ouvert en écriture.

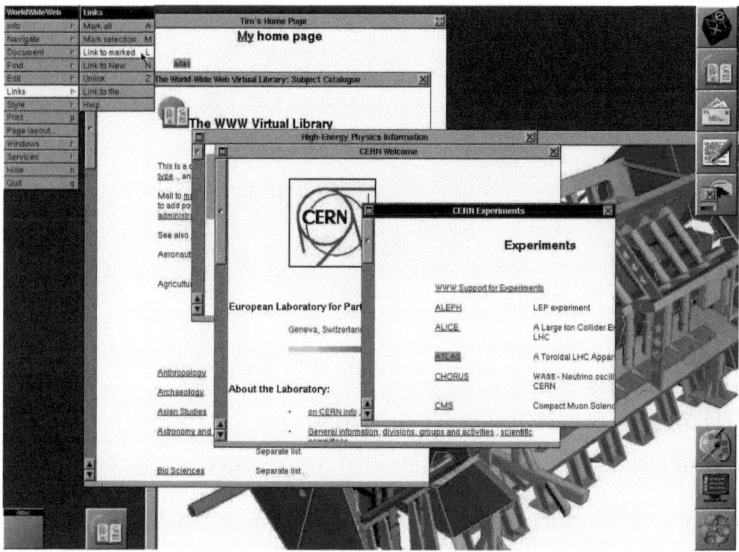

Figure 1 : Navigateur des années 89-90

Cette architecture repose sur trois concepts principaux :

- Le premier concept est celui de l'adressage, de l'identification de la localisation à travers ce que l'en appelle les adresses WEB ou **URL**.

- Le deuxième concept, celui du protocole, c'est-à-dire la façon dont les machines vont parler sur le Web, la façon dont votre navigateur va interroger une machine à distance et recevoir une représentation de la page qui l'a demandé, ce protocole s'appelle **HTTP**.

- Le troisième concept, celui du langage de représentation et notamment le langage de représentation des pages du Web, s'appelle **HTML.**

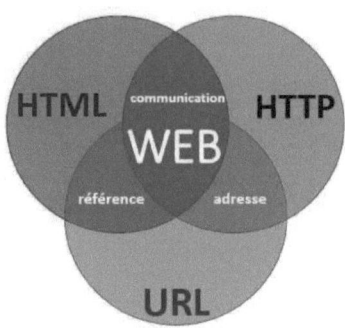

Figure 2 : Les trois composants de l'architecture Web

Le HTML, le HTTP et l'adressage URL nous permettent, d'écrire des pages, de les identifier, de les localiser et d'y accéder à distance.

Mises ensemble, chacune de ces composantes va interagir avec l'autre. Par exemple le protocole HTTP utilise le langage HTML pour faire transiter sur le Web des représentations de pages entre le serveur et le navigateur. Ce même protocole HTTP utilise les URL pour identifier et s'adresser à distance au serveur, afin de récupérer la page dont il a besoin. Les URL sont utilisées dans les HTML pour indiquer dans une page un lien qui pointe vers une autre.

III. Standard et déploiement

Nous venons de voir les principaux architectures du Web, qu'on va les adapter par la suite pour échanger les données liées. Mais ce qui est très important aussi dans ces principes, c'est leurs standardisations, parce que de la standardisation dépond de l'interopérabilité sur le Web.

Si on revient au début de l'histoire du Web, et qu'on regarde la courbe (figure 3) de l'évolution du nombre de serveurs Web, nous allons remarquer que ce nombre va exploser très rapidement. Puisqu'il y une explosion des contenus et du nombre de sites, on va se poser la question *de la prise du contrôle ou de monopôle sur le Web*.

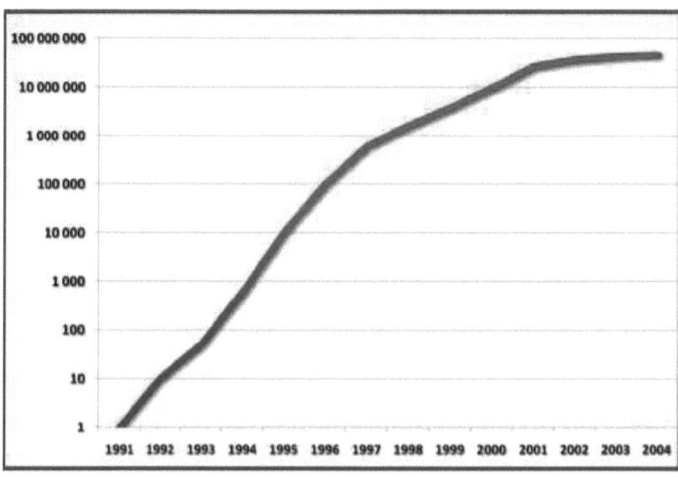

Figure 3 : Nombre des serveurs Web chaque année

Actuellement nous possédons plein de navigateur pour accéder au Web, mais au début des années 90, il y avait jusqu'à 12 navigateurs.

Figure 4 : la guerre des navigateurs

Le problème était, que ces navigateurs étendaient les standards de façon incompatible. Chaque navigateur proposait sa propre extension, c'est-à-dire une page pouvait être vue dans un navigateur mais pas dans un autre, d'où il n'y a pas d'opérabilité.

Pour répondre à ce problème, on a créé le **W3C** en 1994 dont l'objectif d'harmoniser les évolutions du Web et de les standardiser de façon à ce que l'interopérabilité soit respectée.

Le processus de standardisation du W3C, suit des étapes très bien définies :

- La première étape, c'est la création d'un atelier qui permet de savoir si le sujet intéresse suffisamment de personnes. A l'issu de cet atelier, s'il y a suffisamment de personnes intéressés, on crée un groupe qui va travailler sur un brouillons de standard un « ***Working Draft*** ».

- Lorsque ce brouillon est suffisamment stable, il va passer à une deuxième étape un « ***Last Call*** » « ***Dernier Appel*** ». Pendant plusieurs mois, le public pourra ainsi donner des retours, montré des erreurs et parfois des corrections. S'il y a des problèmes majeurs, le document redevient un brouillon, si non il passe à l'étape suivante.

- La troisième étape « ***Candidate recommendation*** ». Dans cette nouvelle étape on va s'intéresser à vérifier que le standard peut être implémenté. On va vérifier par exemple si c'est une nouvelle version de HTML, que les navigateurs peuvent évoluer vers cette nouvelle version. Si ce n'est pas possible, on va revenir à l'étape brouillon, si non on va passer à l'étape suivante.

- La quatrième étape, « ***Proposed recommendation*** » « Proposition de recommandation ». Si le standard arrive sur le bureau du directeur du W3C, et d'un groupe particulier « *Technical Architecture Group* » qui va vérifier notamment que ce standard est compatible avec les autres, car il s'agit que l'architecture du Web reste unifié. Si c'est le cas, le standard va passer dans une dernière étape.

- La dernière étape, « ***Recommendation*** ». La recommandation est un vocabulaire utilisé dans W3C pour parler d'un standard.

Les figures 5 et 6, montrent l'ensemble des activités qui étaient placées à l'époque. On peut voir qu'il y a des actions de standardisation, pour les aspects applications Web, pour les aspects Web mobile, sécurité, Web sémantique, ou Web services. Dans chacune de ses activités, on peut trouver des standards qui nous permettent de changer de nouvelles représentations sur le Web, c'est-à-dire des représentations qui ne font pas forcément appel à HTML, des descriptions de services, des données liées, etc.

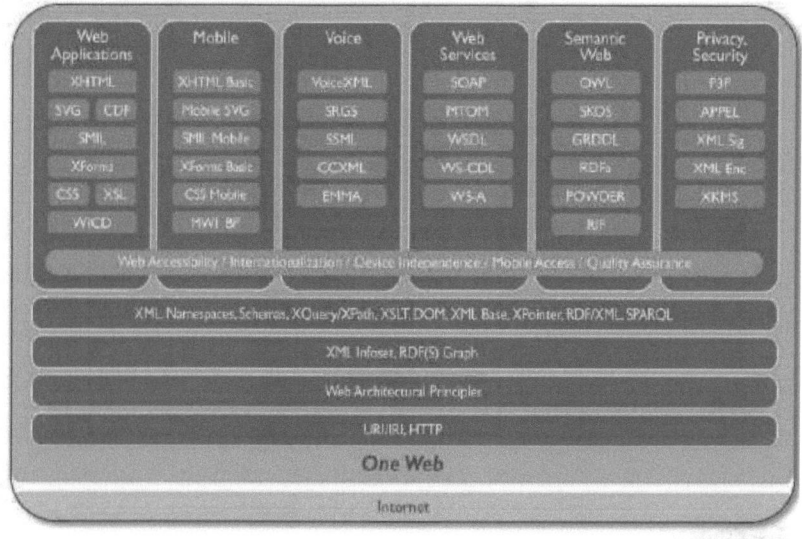

Figure 5 : différentes activités de standardisation (2008)

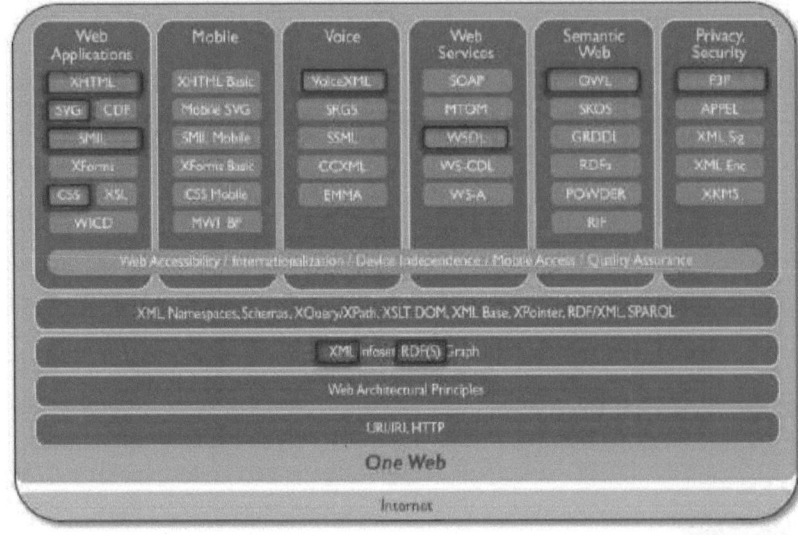

Figure 6 : différentes représentations d'informations W3C

IV. Séparation du fond et de la forme

On vient de voir en standardisons les différentes composantes de l'architecture du Web, qu'on a bien assuré l'interopérabilité entre les clients et les serveurs sur le Web.

On va voir dans cette section, un certain nombre de standards qui ont commencé dans le milieu des années 90, et qui vont permettre de séparer le fond de la forme, c'est-à-dire le contenu de la page Web de la façon dont elle est représentée.

La première initiative dans ce sens, c'est **CSS** qui permet de faire des feuilles de styles associées à une page Web (une façon de la représenter), de choisir la couleur, les positions à l'écran.

Les figures suivantes, montrent une seule page Web, le contenu est le même à chaque fois. Ce qui varie c'est la feuille de style qui montre comment le contenu doit être présenté, c'est donc la séparation du fond de la forme.

Figure 7 : séparer le fond de la forme (CSS Zen Garden)

Une deuxième initiative, c'est l'initiative de la famille **XML**.

XML est une famille de langage ou un format, qui va permettre de structurer des données, en choisissons des balises choisis, et non plus en utilisant uniquement les balises proposées par le langage HTML, et ceci dans un format textuel. C'est-à-dire, n'importe qui possédant un éditeur de texte, va pouvoir écrire des documents XML, et choisir ses propres balises pour structurer ses données ou ses documents.

Cette famille :

- Est ouverte, on pourra ajouter autant de langage que l'on veut,
- Elle est composable, c'est-à-dire dans un même document on va pouvoir utiliser plusieurs langages XML,
- C'est un standard ouvert et non propriétaire. N'importe qui peut utiliser ces standards pour publier et échanger des données.

Le principe de XML est que tout document, doit commencer par une et une seule racine dont le contenu va être insérer au sein de cette dernière.

$$\texttt{<racine>...</racine>}$$

A l'intérieur de cette balise, on peut pouvoir utiliser autant d'autres balises qu'on veut. On peut soit ouvrir une balise, mettre du contenu et la refermer, soit utiliser une balise auto fermante.

$$\texttt{<x>...</x> ou <x/>}$$

On doit absolument respecter l'emboitement des balises, c'est-à-dire si on ouvre une première balise **<A>** puis on ouvre une balise **<B>**, on doit d'abord fermer la balise **<B>** avant de fermer la balise **<A>**.

$$\texttt{<a><b></a></b>} \oslash$$

La casse est importante, un **<x>** n'est pas la même chose que **<X>**.

$$\texttt{<x>} \neq \texttt{<X>}$$

On n'a pas le droit d'utiliser des balises qui commence par un chiffre, par xml ou de mettre des espaces.

$$\texttt{<1an> <xmla> <bla bla>} \oslash$$

On a le droit de mettre des attributs dans les balises, pour indiquer des valeurs par exemple.

$$\texttt{<a b='c'></a> ou <a b='c'/>}$$

Si on respecte ces quelques règles, on fait du XML et on peut les échanger sur le Web.

Voici un exemple de carte de visite en XML.

```
<carte>
 <nom>gandon</nom>
 <tel type="bureau">0492965170</tel>
 <page url="fabien.info"/>
</carte>
```

A partir du standard XML, le nombre de langages qui vont être proposés va explosés et dans tous les domaines. Des langages XML pour la musique (*MusicML*), les mathématiques (*MathML*), les graphiques (*SVG*), les documents de bureautiques (*OpenOffice*), les informations sur la finance (*FpML*), le multimédia (*SMIL*), la chimie (*CML*), etc.

L'intérêt de cette famille de langage, ce n'est pas uniquement standardiser et échanger des données, mais aussi pour :

- Standardiser les outils au-dessus de ce format, notamment appeler les *parseurs*.
- Standardiser la façon dont on valide les données. Donner des schémas pour s'assurer qu'un document XML reçu a bien une structure compatible avec celle attendait.
- Sélectionner à l'intérieur des données, une sous-partie qui nous intéresse. C'est par exemple le langage XPATH.
- Faire des liens entre les données en utilisant *XPointer* et *XLink*. Par exemple, relier une balise d'un document XML à une autre balise d'un autre document XML.
- Interroger les données, avec des langages de requêtes comme *XQUERY*. Les transformer avec un langage comme *XSL*. On peut même orchestrer tous ces traitements en utilisant un langage de processus comme *XProc*.

V. De la page à la ressource

Nous venons de voir comment le Web à permis de séparer le fond de la forme et notamment comment représenter n'importe quel type de document ou de données sur le Web et les échanger.

Dans cette section, on va s'intéressé à parler sur le Web non plus des ressources que nous avons sur le Web, mais de toutes les ressources qui peuvent exister dans le monde.

Vous êtes familier avec les adresses Web, comme www.isggb.rnu.tn, et qui vous permettent d'identifier un site ou une page Web, d'y accéder, de visualiser, et de commencer votre navigation.

Autour de nous, dans les centres commerciaux par exemple, nous avons de plus en plus de petit code qu'on appelle *QRCODE*. Si nous les utilisons à partir de notre navigateur, nous permet d'accéder au Web directement, puisque la plus part de ces *QRCODE* enregistre des adresse Web.

A travers ces *QRCODE* le Web échappe complètement au réseau informatique et la perception des adresses web va être modifié, et va avoir des répercutions énorme sur l'architecture et le standard du web.

En effet, on est entrain de passer de la notion **d'URL** à la notion **URI**. C'est-à-dire, identifier sur le web ce qui existe (une voiture, une chaise, n'importe quoi).

Avec la dernière évolution appelée les **IRI**, des adresses vont permettent non seulement d'identifier ce qui existe autour de nous, mais d'utiliser tous les langages humain pour écrire ces identifiants, on pourra ainsi écrire des identifiants en utilisant l'arabe ou n'importe quel langages.

Ce qui n'a pas changer au cours de ces évolutions, c'es le « **R** », c'est-à-dire les ressources. Cette notion de ressource, est extrêmement large sur le Web. Elle ne se limite pas aux pages, aux images ou aux vidéos que l'on peut avoir sur le Web, mais à tout élément que l'on peut identifier (on peut donner un URI à une voiture). D'où les URI vont être utilisées pour spécifier tous ce qui existe autour de nous.

Il y a un type d'URI particulier appelé « *espace de nommage* ». Ce type est un peut abstrait, il permet d'identifier un vocabulaire, c'est-à-dire un espace pour regrouper des noms qui vont être utilisé par exemple pour décrire nous données.

Par exemple, à l'INRIA, on parle de compilation, de langage de programmation, de réseaux, on peut rassembler tous ce vocabulaire dans un espace abstrait sur le Web, afin d'y faire référence par la suite et d'organiser les données.

Définition : espace abstrait rassemblant des noms d'un même ensemble

http://inria.fr/sujets#compilation
http://mit.edu/org/Lab

ex. un dictionnaire, un index de bibliothèque, un lexique, un standard, un référentiel métier...

VI. Principes de données Liées

Nous avons vu deux tendances :

- Une tendance, à séparer le fond de la forme, et donc à se doter d'un moyen d'échanger des documents et données avec la structure que l'on veut.

- Une tendance, à identifier non plus uniquement des ressources du Web mais toutes les ressources autour de nous.

Les principes du web de données, vont nous permettre de

- Publier nos données, en les préparant là où elles sont au départ,

- Choisir les données que l'on veut publier,

- Les mettre en ligne,

- Puis faire du calcul

- Pour produire de nouvelles données, qui à leurs tour vont être publiés, pour être réutiliser par d'autres personnes.

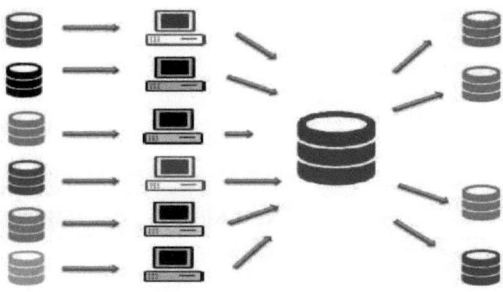

Figure 8 : Données liées

Comment peut-on modifier les trois composantes de l'architecture du Web et leur utilisation pour assurer les principes du Web de données ?

On continue à utiliser les identifiants d'URL, pour tous ce existe autour de nous. On va utiliser uniquement un identifiant pour une page, mais on peut utiliser un identifiant pour une chaise.

On va utiliser un identifiant URL HTTP. Si quelqu'un rencontre cet identifiant sur le Web et qu'il ne le connait, il a une façon assez simple pour savoir dont il s'agit, simplement se rendant à l'adresse. Le serveur doit être configuré pour renvoyer des données expliquant que cet identifiant représente une chaise. Ces données doivent représenter en premier temps, un certains nombre de caractéristiques de la chaise. Dans un deuxième temps, on s'intéresse à publier des données liées pointent vers d'autres données. Par exemple, les données qui décrivent la chaise vont aussi pointer vers les données de la salle dans laquelle se trouve, les données de la chaise sont ainsi liées aux données de la salle.

Comment représenter ce type de scénario dans la pratique ?

L'utilisateur Web rencontre un URI, fait une première vérification, si c'est un URI HTTP.

Si c'est le cas, il va utiliser le protocole HTTP pour faire un GET sur cet URI. Une requête est lancée et la réponse du serveur varie selon le type de l'utilisateur. Si c'est un utilisateur qui possède un navigateur, le serveur va lui envoyé une page Web lui décrivant le sujet de cet URI. Si c'est un logiciel, un téléphone mobile ou un GPS, le serveur va pouvoir lui renvoyé pour la même requête non pas une page Web, met des données XML que le logiciel pourra intégrer dans sa base et utiliser pour proposé de nouvelles fonctionnalités.

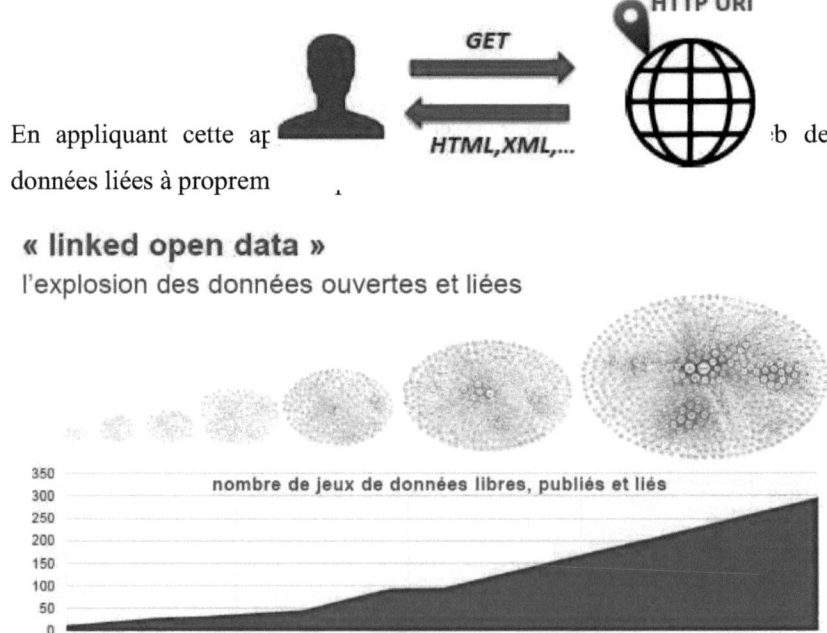

En appliquant cette ap   b de données liées à proprem

En appliquant cette ap   b de
données liées à proprem

VII. La pile de standardisation

Nous allons conclure se premier chapitre, par la présentation de la pile de standard, qui va nous permettre de publier, d'interroger, de raisonner, de suivre et de tracer les différentes données sur le Web.

Cette pile, se lit de bas en haut, en partant des couches les plus basses comme les identifiants d'URI, jusqu'aux couches les plus hautes qui représente l'utilisateur.

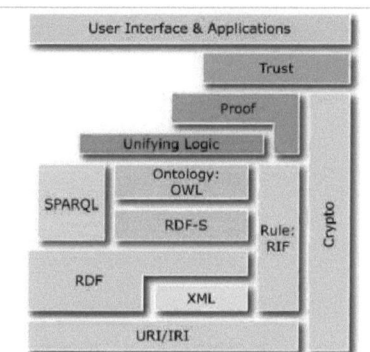

Pile des standards du Web de données W3C®

Figure 9 : Pile de standardisation

- La première partie de cette pile, concerne l'identification,
- La deuxième partie concerne la représentation des données qu'on va échanger sur le Web de données. Cette représentation va faire appel à un standard que l'on appelle RDF, qui est un langage et un modèle pour échanger les données sur le Web. L'une des syntaxes possible pour ce modèle est celle de XML.
- Une fois que les données sont publiées, on va vouloir les interroger. Pour écrire ces requêtes, on va utiliser un langage qui s'appelle SPARQL

- Ces données peuvent aussi donner lieu à du raisonnement et du calcul. On pourra publier les schémas de ces données par l'utilisation des langages RDF-s et OWL

- Au-dessus de ces données, il va falloir être capable de les tracés, de les certifiés, de vérifié leur sources, notamment pour décider si oui ou non utiliser ces données.

CHAPITRE II : LE MODELE DE DONNEES RDF

I.   Décrire des ressources

Comment décrire des ressources sur le Web ?

Cette question à été posée pour la première fois en 1989 par TIM, dans une proposition de recherche, qui vise a représenté sous forme de graphe, de connaissance sur le Web relative à des documents, mais aussi aux objets décrits dans ces documents, aux notions abordées, aux personnes auteurs, aux organisations auxquels appartenaient ces personnes.

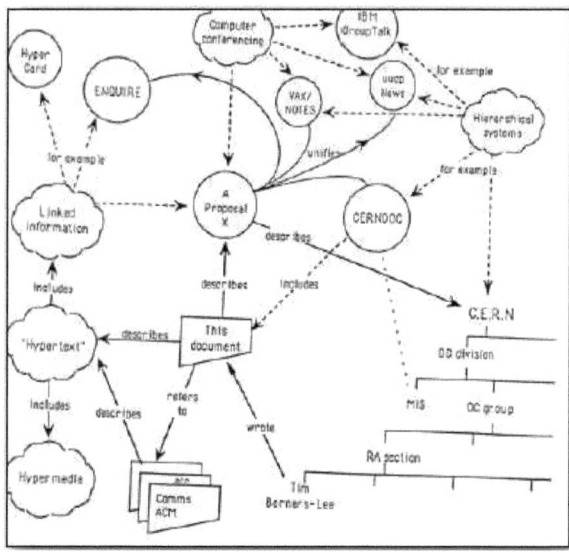

Figure 10 : Description des ressources sur le Web

On remarque sur cette figure que les sommets de graphes de connaissances sont étiquetés et typés.

- des quadrilatères pour les documents,
- des cercles pour des concepts plus abstraits,
- des nuages pour les notions, les sujets abordés,

- des rectangles pour les personnes,
- des arcs entre les sommets édictés,

Pour implémenter cette proposition sur le Web, un standard est définit nommé RDF, qui repose sur les ressources URI pour identifier les ressources sur le Web, permet de décrire ces ressources, et le standard HTTP permet d'y accéder.

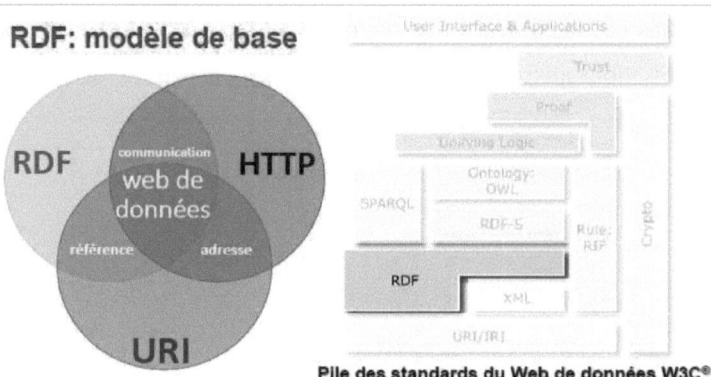

Figure 11 : RDF modèle de base

Comme présenté dans le chapitre précédent, le Web de données est une intersection entre les trois standards. C'est l'invention du modèle RDF, qui a permet cette création.

Si on considère RDF dans la pile de standard du web de données,

- Il repose sur le standard des URI pour l'identification les ressources,
- Il permet de décrire les ressources sur le Web,
- Le langage SPARQL est utilisé pour interroger les données RDF,
- Le standard RDF-s est née avec RDF,
- OWL est utilisé pour représenter le vocabulaire utilisé dans la description RDF et raisonner sur cette description.

Les éléments clés du langage :

rdf:about	Permet d'identifier la ressource décrite, c'est le même principe qu'un numéro de fabrication d'un produit.
rdf:type	Permet de typé cette ressource c'est le même principe qu'un code à barre d'un produit.
rdf:label	Permet d'exprimer en langage naturel, par exemple pour un consommateur de chocolat qu'il s'agit d'un chocolat noir.

Le modèle RDF est étendu avec un sous langage, pour enrichir la description, avec des informations différentes. Par exemple, pour une tablette de chocolat, on a son producteur, son poids et ses ingrédients.

II.   Modèle de triplets et de graphe

Dans cette section, nous allons présenter les principes du modèle RDF. Il s'agit d'un modèle de triplet et d'un modèle de graphe.

RDF signifie, *Ressource Description Framework*.

- **Ressources** : Tous ce qu'il peut être identifié sur le Web par un URI : une chaise, une personne, une page…

- **Description** : Les attributs, les caractéristiques de ressources, ainsi que les relations qui existent entre les ressources

- **Framework** : Désigne le modèle RDF dans son ensemble, un langage avec une syntaxe abstraite, une sémantique et différentes syntaxe concrètes.

Le principe du modèle RDF est simple, c'est un modèle de triplet, dans lequel on décrit des ressources par des triplets : (Sujet, Prédicat, Objet)

Exemple :

« doc.html a pour auteurs Fabien, Catherine et Olivier et a pour thème le Web sémantique »

doc.html a pour auteur **Fabien**
doc.html a pour auteur **Catherine**
doc.html a pour auteur **Olivier**
doc.html a pour thème **Web sémantique**

On obtient ainsi quatre triplets :

> (doc.html, auteur, **Fabien**)
>
> (doc.html, auteur, **Catherine**)
>
> (doc.html, auteur, **Olivier**)
>
> (doc.html, thème, **Web sémantique**)

Un triplet RDF peut être vu comme un arc entre deux sommets d'un graphe. Deux triplets ayant un même sujet ou objet seront connecté dans ce graphe.

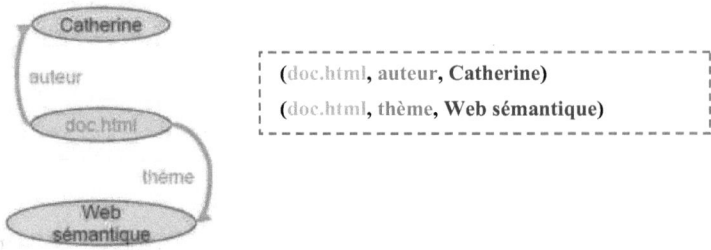

> (Sujet, Prédicat, **Objet**)
>
> →
>
> (Sommet, Arc, **Sommet**)

La figure suivante, présente un graphe RDF qui représente une partie de l'énoncé utilisé comme un exemple utilisée dans la section précédente.

> (doc.html, auteur, **Catherine**)
>
> (doc.html, thème, **Web sémantique**)

Figure 12 : Graphe RDF

Cet énoncé représentait deux triplets :

(doc.html, **auteur, Catherine**) et (doc.html, **thème, Web sémantique**).

Ces deux triplets ont le même sujet, et sont donc connecté en se sommet pour construire un graphe.

On dit plus précisément, que le modèle RDF est un modèle multi-graphe, orienté et étiqueté.

Multi-graphe : car il peut y avoir plusieurs arcs entre deux même sommets, dans l'exemple, doc.html à pour thème web sémantique et il présente ce sujet.

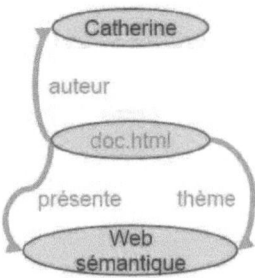

Un graphe orienté : les arcs sont orientés, on distingue le somme de départ d'un arc (le sujet du triplet) et son sommet d'arrivé (l'objet du triplet).

Un graphe étiqueté : les sommets et les arcs portent des étiquettes, qui désignent ce qui est écrit. Plus précisément les étiquettes des sommets et des arcs d'un graphe RDF, sont des URI ou des littéraux. Par convention dans la syntaxe abstraite du langage RDF les sommets étiquetés par des URI sont représenté par des ellipses et les sommets étiquetés par des littéraux sont représenté par des rectangles.

C'est l'utilisation des URI pour étiquetés les sommets et les arcs des graphes RDF, qui permet de liée les graphes qui partagent les URI et ainsi de construire un Web mondiale de données liées.

Le modèle RDF est un modèle ouvert, son vocabulaire est extensible basé sur les URI, cela permet à qui conque de faire des déclarations sur n'importes quelles ressources avec les descripteurs de son choix.

Une fois construit un graphe RDF, il y a plusieurs manières pour l'envisagé, plusieurs vues sur ce graphe, et donc plusieurs manières de le traiter, de raisonner sur les connaissances.

On particulier, un graphe RDF peut être :

- Considéré comme un graphe et traité par des opérations sur les graphes,
- Vu comme un ensemble de prédicats binaires et donc être traité par des opérations logiques.
- Vu comme un ensemble de triplets dans une base de données relationnelle et traité par des opérations d'algèbre relationnel.

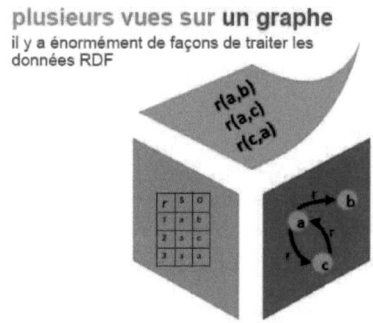

Figure 13 : Plusieurs vues sur un graphe

III. Syntaxes de sérialisation

Nous avons vus dans la section précédente, les principes du modèle RDF en utilisant une syntaxe abstraite du langage.

Dans cette section, nous allons présenter les différentes syntaxes concrètes qui permettent de sérialisées des données RDF. La figure suivante, présente un extrait de la recommandation W3C, qui montre les 7 syntaxes recommandées pour RDF.

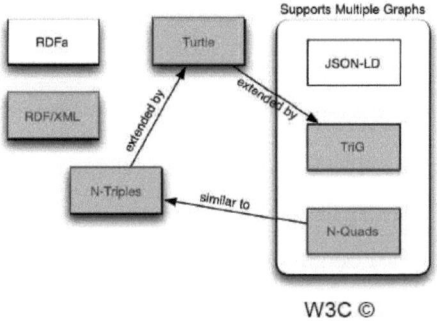

Figure 14 : Recommandation W3C

La syntaxe historique de RDF est XML, différentes autres syntaxes on été ensuite proposées au fil des années et recommandé par W3C.

La syntaxe XML :

La figure suivante présente la sérialisation en XML de l'exemple précédent.

<RDF/> : des graphes dans des arbres XML

```
<rdf:RDF xmlns:rdf="http://www.w3.org/1999/02/22-rdf-
  syntax-ns#" xmlns:inria="http://inria.fr/schema#" >
<rdf:Description
  rdf:about="http://inria.fr/rr/doc.html">
  <inria:author rdf:resource=
   "http://ns.inria.fr/catherine.faron#me"/>
  <inria:theme>Web</inria:theme>
</rdf:Description>

</rdf:RDF>
```

http://inria.fr/rr/doc.html

http://inria.fr/schema#author

http://ns.inria.fr/catherine.faron#me

http://inria.fr/schema#theme

"Web"

Les termes du langage RDF/XML, sont des URI dans un **namespace** qu'il faut déclarer dans la racine, en lui associe classiquement le préfixe RDF. Les éléments d'un arbre RDF/XML ont donc des noms qualifiés.

La racine d'un arbre RDF/XML est un élément dont le nom RDF (majuscule), on déclare également à la racine, les namespaces des RUI qui étiquettent les propriétés du graphe RDF à sérialisées.

Un graphe RDF est représenté par un élément **RDF:Description** avec un attribut **about** dont la valeur est le point d'entrée dans le graphe, c'est-à-dire le sujet d'un ou de plusieurs triplets RDF. Sur l'exemple, il s'agit de l'URI du document « http://inria.fr/rr/doc.html »

La propriété d'un triplet est représentée par un élément fils de l'élément **Description** dans lequel est déclaré le sujet.

La valeur de la propriété, dans le cas où il s'agit d'une ressource, peut être représenté par la valeur d'un attribut **rdf :ressource**, sur l'exemple, il s'agit de l'URI qui désigne « Catherine ».

Dans le cas où la valeur de la propriété est un littéral, elle est représenté par le contenue textuel de l'élément qui représente la propriété. C'est le cas dans l'exemple de la propriété « Thème » et sa valeur littérale « Web »

Il existe un certain nombre de variation syntaxique possible, elles sont équivalentes aux deux formats de la figure suivante, pour la propriété à valeur une ressource et les propriétés à valeur littéral.

RDF/XML : beaucoup de variations syntaxiques

```
<rdf:RDF (…) >
<rdf:Description rdf:about="http://inria.fr/rr/doc.html">
  <inria:author rdf:resource=
   "http://ns.inria.fr/catherine.faron#me"/>
</rdf:Description>
</rdf:RDF>
```

```
<rdf:RDF (…) >
<rdf:Description rdf:about="http://inria.fr/rr/doc.html">
  <inria:theme>Web</inria:theme>
</rdf:Description>
</rdf:RDF>
```

Pour les propriétés à valeurs une ressource, une variante importante à retenir : c'est la valeur de la propriété représenté dans un élément **rdf :description**, fils de l'élément XML qui représente la propriété.

La valeur de la propriété, est indiquée en valeur de l'attribut **rdf :about**. Cela permet, de sérialisé dans un sous arbre issu de cet élément XML, d'autres triplets RDF, dont le sujet serai la valeur du triplet représenté.

Comme dans l'exemple de la figure suivante, où on indique que « Catherine » à pour prénom « Catherine ».

RDF/XML : beaucoup de variations syntaxiques

```
<rdf:RDF (…) >
<rdf:Description rdf:about="http://inria.fr/rr/doc.html">
  <inria:author>
    <rdf:Description
       rdf:about="http://ns.inria.fr/catherine.faron#me">
       <inria:firstName>Catherine</firstName>
    </rdf:Description>
  </inria:author>
</rdf:Description>
</rdf:RDF>
```

La syntaxe N-triples :

C'est une syntaxe minimaliste pour RDF, par texte brute qui permet de charger ligne à ligne des triplets RDF.

La figure suivante montre un exemple.

```
<http://inria.fr/rr/doc.html>
 <http://inria.fr/schema#author>
  <http://ns.inria.fr/catherine.faron#me> .

<http://inria.fr/rr/doc.html>
 <http://inria.fr/schema#theme> "Web" .
```

Un triplet est représenté sur une ligne, séparé du triplet suivant par un point « . ». les URI sont entre < > et les littéraux sont entre " ".

La syntaxe Turtle :

La figure suivante, représente l'exemple en Turtle.

```
@prefix rdf: <http://www.w3.org/1999/02/22-rdf-syntax-ns#> .
@prefix inria: <http://inria.fr/schema#> .

<http://inria.fr/rr/doc.html>
 inria:author <http://ns.inria.fr/catherine.faron#me>
 inria:theme "Web" .
```

Un énoncé Turtle :

- Commence une déclaration @prefix équivalente à la déclaration namespace, en RDF/XML.
- Les URI qui désignes des sujets, les propriétés ou les valeurs de propriétés, sont entre < >.
- Les valeurs littéraux sont entre " ".
- La déclaration d'un ou plusieurs triplets ayant le même sujet se termine par un point « . ».

La sérialisation de triplets ayant le même sujet peut être compactées, en mutualisant la déclaration du sujet. Dans notre cas, sont séparés par « ; ».

Dans le cas où plusieurs triplets ont le même sujet, et la même propriété avec des valeurs différentes, on mutualise également la déclaration de propriétés, les valeurs étant séparées par un « , ».

IV. Valeurs, types et langues

Plusieurs règles de composition de triplet RDF se dégagent :

- Le sujet est toujours une ressource, et jamais un littéral
- Les propriétés sont binaires, est d'un type identifié par un URI
- Les valeurs de propriétés, sont soit des ressources, soit des littéraux.

Il existe également, dans le modèle RDF, des ressources qui ne sont pas identifiés par un URI. Ce sont des ressources anonymes. Elles correspondent à la quantification ∃, cela permet d'exprimé des énoncés de la forme il existe une ressource telle que.

Dans l'exemple, on ne sait plus que le doc.html écrit par Catherine sur le web sémantique, mais aussi s'il existe un tel document.

Dans la syntaxe RDF/XML, on représente une ressource anonyme par un élément **RDF :description** qui n'a pas d'élément **rdf :about**.

```
<rdf:RDF (...)>
<rdf:Description>
  <inria:author rdf:resource=
    "http://ns.inria.fr/catherine.faron#me"/>
  <inria:theme>Web sémantique</inria:theme>
</rdf:Description>
</rdf:RDF>
```

Dans la syntaxe Turtle, une ressource anonyme, est représenté par [et] qui contiennent les propriétés et leurs valeurs.

```
@prefix (…)
[inria:author <http://ns.inria.fr/catherine.faron#me> ;
 inria:theme "Web sémantique" .]
```

Nous allons maintenant, nous intéressé aux valeurs littéraux des propriétés.

Les littéraux peuvent être typés, en utilisant les types de données définie dans **XMLschema**. Par défaut, un littéral est typé par **xsd :string**.

Sur l'exemple de la figure suivante, on précise que le littéral « 1995-09-18 » est une date, en suffixant la valeur par **^^xsd :date**.

Dans XML, le type d'une valeur littéral, est indiqué par la valeur de l'attribut « **rdf :datatype** » de l'élément XML représentant la propriété « <inria :date> »

```
<rdf:RDF (…)>
<rdf:Description rdf:about="http://inria.fr/rr/doc.html">
  <inria:date rdf:datatype="http://www.w3.org/2001/XMLSchema#date">
    1995-09-18</inria:date>
</rdf:Description>
</rdf:RDF>
```

Dans la syntaxe Trutle, comme dans la syntaxe abstraite, le type est indiqué en suffixant la valeur par le nom du type précéder par ^^.

```
@prefix (…)          Turtle
<http://inria.fr/rr/doc.html>
  inria:date "1995-09-18"^^xsd:date .
```

La liste des types définie dans **XMLSchema :**

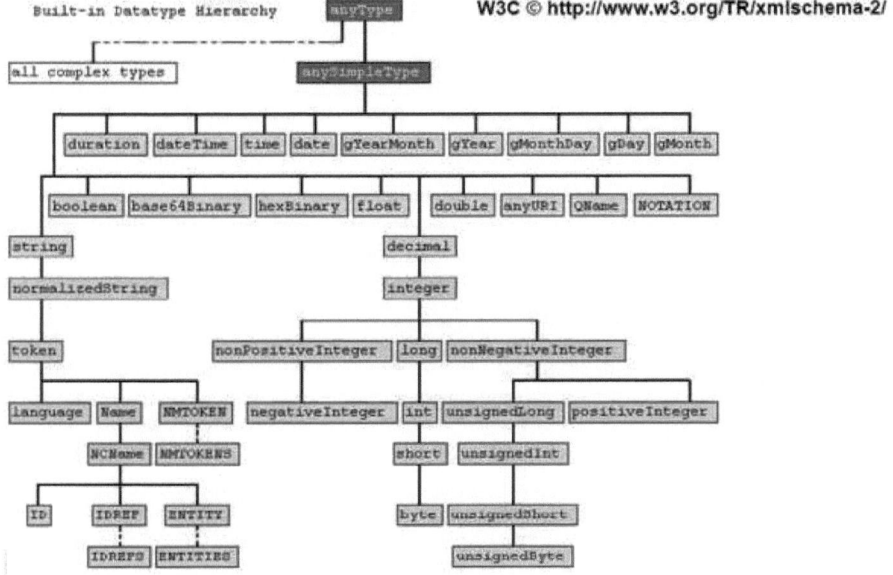

Il est également possible, de préciser la langue à laquelle appartient une valeur littérale.

Dans la syntaxe abstraite du modèle, on suffixe la valeur par le caractère @ suivit du code de la langue.

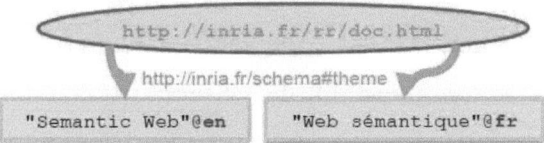

Dans la syntaxe XML, la langue de la valeur littérale, est indiquée par la valeur de l'attribut **xml:lang** de l'élément XML représentant la propriété.

```
<rdf:RDF (…)>          RDF/XML
<rdf:Description rdf:about="http://inria.fr/rr/doc.html">
  <inria:theme xml:lang='en'>Semantic Web</inria:theme>
  <inria:theme xml:lang='fr'>Web sémantique</inria:theme>
</rdf:Description>
</rdf:RDF>
```

Dans Turtle, comme dans la syntaxe abstraite,

```
@prefix (…)            Turtle
<http://inria.fr/rr/doc.html">
  inria:theme "Semantic Web"@en   ;
  inria:theme "Web sémantique"@fr .
```

Les ressources, peuvent également être typés, **rdf :type** pour pouvoir typé les ressources.

Par exemple, le graphe RDF de la figure suivante, exprime que Fabien est un homme et est un chercheur, avec deux propriétés **rdf :type**.

Dans la syntaxe XML, une propriété **rdf:type**, peut être exprimé par un élément XML du même nom, fils d'un élément **rdf:description**, avec un attribut **rdf:ressource** dont la valeur est la valeur de la propriété, c'est-à-dire le type que l'on souhaite associé à la ressource.

```
<rdf:RDF (...)>        RDF/XML
<inria:Researcher rdf:about="http://ns.inria.fr/fabien.gandon#me">
  <rdf:type rdf:resource="http://www.inria.fr/schema#Man" />
</inria:Researcher>
</rdf:RDF>
```

Une propriété **rdf :type**, peut également être exprimé en replacent le nom de l'élément **rdf :description** par la valeur de la propriété c'est-à-dire le type que l'on souhaite associé à la ressource sujet du triplet.

```
</inria:Researcher>
```

Dans la syntaxe Turtle, la propriété **rdf:type**, peut être désigné par la lettre « **a** » qui fait référence à « **is-a** »

```
@prefix (...)
<http://inria.fr/rr/doc.html">
  a inria:Man, inria:Researcher .
```

V. Groupes

Dans cette section on va présenter la spécificité du modèle RDF pour représenter des groupes.

Le type : Bag

Représente des groupes de ressources, ou de valeurs littérales, **sans ordre**.

La figure suivante, représente la déclaration des auteurs du document doc.html

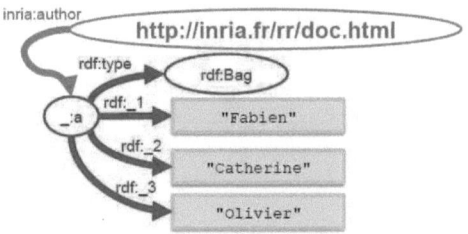

La composition du groupe est alors représentée en listant les éléments à l'aide des propriétés **rdf :_1**, **rdf :_2**, **rdf :_3** qui sont prédéfinies dans le modèle RDF.

La figure suivante, représente la syntaxe XML,

```
<rdf:RDF (…)>          RDF/XML
<rdf:Description rdf:about="http://inria.fr/rr/doc.html">
  <inria:author>
    <rdf:Bag>
      <rdf:li>Fabien</rdf:li> <rdf:li>Catherine</rdf:li>
      <rdf:li>Olivier</rdf:li>
    </rdf:Bag>
  </inria:author>
</rdf:Description>
</rdf:RDF>
```

En Turtle,

```
@prefix (…)            Turtle
<http://inria.fr/rr/doc.html> inria:author [ a rdf:Bag ;
  rdf:li "Fabien" ; rdf:li "Catherine" ; rdf:li "Olivier" . ] .
```

Le type : Seq

Représente des groupes de ressources, ou de valeurs littérales, **<u>ordonnées</u>**.

Syntaxiquement, son utilisation est similaire à celle de Bag.

Sémantiquement, les éléments d'une ressource sont ordonnés.

Dans l'exemple de la figure suivante, Fabien est le premier auteur, Catherine le deuxième et Olivier le troisième.

```
<rdf:RDF (…)>          RDF/XML
<rdf:Description rdf:about="http://inria.fr/rr/doc.html">
  <inria:author>
    <rdf:Seq>
      <rdf:li>Fabien</rdf:li> <rdf:li>Catherine</rdf:li>
      <rdf:li>Olivier</rdf:li>
    </rdf:Bag>
  </inria:author>
</rdf:Description>
</rdf:RDF>
```

En Turtle,

```
@prefix (…)              Turtle
<http://inria.fr/rr/doc.html> inria:author [ a rdf:Seq ;
  rdf:li "Fabien" ; rdf:li "Catherine" ; rdf:li "Olivier" . ] .
```

Le type : Alt

Représente des alternatives.

Dans l'exemple de la figure suivante, pour exprimer une valeur littérale en français ou en anglais. Syntaxiquement son utilisation est similaire à celle de Bag et Seq.

```
<rdf:Description rdf:about="http://inria.fr/rr/doc.html">
  <inria:theme>
    <rdf:Alt>
      <rdf:li xml:lang='en'>Semantic Web</rdf:li>
      <rdf:li xml:lang='fr'>Web sémantique</rdf:li>
    </rdf:Bag>
  </inria:theme>
</rdf:Description>
</rdf:RDF>
```

En Trutle,

```
@prefix (…)              Turtle
<http://inria.fr/rr/doc.html> inria:theme [ a rdf:Alt ;
      rdf:li "Semantic Web"@en ; rdf:li "Web sémantique"@fr . ] .
```

Les Collections

Permettent de représentée des listes exhaustives et ordonnées pour ressources ou valeurs littérales. Contrairement à la séquence, ces listes sont fermées. On ne peut pas ajouter une valeur à une liste, une fois elle à été définie, alors qu'on peut ajouter dans une séquence ou un groupe ou encore une alternative.

Dans la syntaxe XML

```
<rdf:Description rdf:about="http://inria.fr/rr/doc.html">
 <inria:author rdf:parseType="Collection">
  <rdf:Description rdf:about="#Fabien"/>
  <rdf:Description rdf:about="#Catherine"/>
  <rdf:Description rdf:about="#Olivier"/>
 </inria:author>
</rdf:Description>
</rdf:RDF>
```

Dans la syntaxe Turtle,

```
@prefix (…)               Turtle
<http://inria.fr/rr/doc.html> inria:author
 ( <#Fabien> <#Catherine> <#Olivier> ).
```

VI. Nommer des graphes

Dans cette section, nous allons présenter comment nommer un graphe dans le modèle RDF.

La notion de graphe nommé permet de grouper des triplets en un graphe qui est réifié et identifié par un URI, qui peut être alors à sont tour écrit comme tout autres ressources.

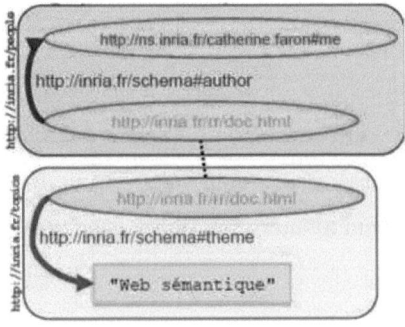

Les syntaxes **TRIG** et **N-Quads** permettent d'exprimer des graphes nommés.

La syntaxe : TRIG

Etend la syntaxe Turtle, les triplets du graphe sont représenter entre { et }, le contenu est la représentation des triplets du graphe dans la syntaxe Turtle.

Les accolades sont précéder par le mot clés **GRAPH** suivit de l'URI désignant le graphe.

```
@prefix rdf: <http://www.w3.org/1999/02/22-rdf-syntax-ns#> .
@prefix inria: <http://inria.fr/schema#> .
GRAPH <http://inria.fr/people>
{ <http://inria.fr/rr/doc.html>
  inria:author
    <http://ns.inria.fr/catherine.faron#me> .
}
GRAPH <http://inria.fr/topics>
{ <http://inria.fr/rr/doc.html>
  inria:theme "Web sémantique" .
}
```

La syntaxe : N-Quads

Les triplets deviennent des quatriplets.

Le premier terme est l'URI du graphe auquel le triplet appartient.

```
<http://inria.fr/rr/doc.html>

  <http://inria.fr/schema#author>
    <http://ns.inria.fr/catherine.faron#me>
    <http://inria.fr/people> .


<http://inria.fr/rr/doc.html>

  <http://inria.fr/schema#theme> "Web sémantique"
    <http://inria.fr/topics> .
```

CHAPITRE III : LE LANGAGE DE REQUETE SPARQL

Dans ce chapitre, nous allons voir le langage SPARQL, qui permet d'accéder aux sources des données du WEB.

I.   Appariement de graphes RDF

SPARQL: **S**PARQL **P**rotocol **A**nd **R**DF **Q**uery **L**anguage.

Le langage lui même est composé de deux parties :

- Une partie langage de requête : SPARQL 1.1 Query Language, une recommandation du W3C.
- La deuxième partie, la partie qui permet de gérer les graphes : SPARQL 1.1 Update

Le langage SPARQL standardise également le format des résultats, c'est-à-dire quelque soit le serveur SPARQL qu'on s'adresse, le format du résultat est standardisé.

Pour interroger un graphe RDF avec le langage SPARQL, la requête est de la forme :

```
SELECT ce que vous voulez
FROM où vous voulez
WHERE {Comme vous voulez}
```

Le langage SPARQL s'exprime lui-même sous la forme d'un triplet. Les triplets SPARQL avec des variables sont représentée par **?**

Dans l'exemple suivant, nous cherchons les **x** de type personne. C'est-à-dire nous cherchons des ressources de type personne.

```
?x      rdf : type      ex : Person
```

Une requête SPARQL consiste à décrire des patrons de graphes. Un patron de graphe, est un petit graphe requête pour le quelle on va chercher des réponses dans le graphe cible.

La requête indique que nous cherchons des triplets de la forme

> Subject, Property, Value

Nous allons chercher l'ensemble de tous les triplets présent dans le graphe RDF et dont le résultat la valeur des trois variables. Cette requête SPARQL, permet d'explorer l'ensemble d'un graphe RDF et de retourner en résultat l'ensemble de tous les triplets.

```
SELECT  ?subject  ?property  ?value
WHERE { ?subject  ?property  ?value}
```

Un patron de graphe dans une requête SPARQL, est un ensemble de triplets. Par défaut il y a une conjonction entre ces triplets, c'est-à-dire un connecteur logique **ET**. L'ensemble des conditions doivent être vérifiées pour trouver une réponse à la requête.

Dans l'exemple suivant, nous recherchons les **x** de type **personne** qui ont un nom « **name** », la valeur qu'on va trouver pour **x** doit être la même pour les deux triplets.

```
SELECT  ?x
WHERE
{ ?x    rdf : type    ex : Person .
  ?x    ex : name     ?name . }
```

En SPARQL, possède les mêmes abréviations syntaxiques qu'en Turtle. On peut alors factoriser l'énoncé, si nous avons une série de plusieurs triplets avec le même sujet, on n'est pas obliger de répéter le sujet.

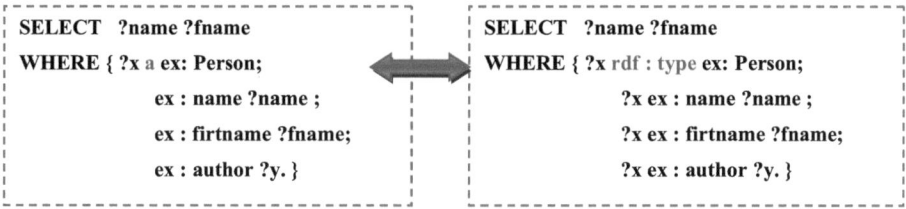

Dans certain cas, on peut chercher une ressource avec une propriété ayant plusieurs valeurs. Dans l'exemple suivant nous cherchons un **x** dont le prénom est Fabien Lucien, c'est-à-dire que x a deux prénoms.

```
?x        ex : firstname "Fabien", "Lucien".
```

Nous présentons l'ensemble des opérateurs qui permettent de combiner les patrons de graphe.

Opérateur Optionnel : Permet de découper une requête en deux parties, avec une partie obligatoire et une partie optionnelle.

Dans l'exemple suivant, nous recherchons les personnes qui ont une **homepage**, c'est la partie obligatoire et on aimerait optionnellement avoir le nom de ces ressources.

```
PREFIX foaf: <http://xmlns.com/foaf/0.1/>
SELECT ?person ?name
WHERE {
  ?person foaf:homepage <http://fabien.info> .
  OPTIONAL { ?person foaf:name ?name . }
}
```

Opérateur union : Pour répondre à la requête, on peut utiliser soit la première clause de l'union, soit la deuxième clause.

Dans l'exemple suivant, nous recherchons les ressources qui ont un nom, avec un **homepage** de la forme **Fabien.info**, soit une **homepage** de la forme **bafien.org**, et on va faire l'union entre ces deux résultats.

```
PREFIX foaf: <http://xmlns.com/foaf/0.1/>
SELECT ?person ?name
WHERE {
  ?person foaf:name ?name .
    {
      ?person foaf:homepage <http://fabien.info> .
    }
    UNION
    {
      ?person foaf:homepage <http://bafien.org> .
    }
}
```

Opérateur de négation : On peut vouloir trouver des résultats qui ne vérifient pas un certain patron, c'est une forme de négation.

Dans l'exemple suivant, nous recherchons les ressources **x** de type **personne**, et nous voulons retirer les ressources **x** de type **Man.**

```
PREFIX ex: <http://www.example.abc#>
SELECT ?x
WHERE {
    ?x a ex:Person
    MINUS { ?x a ex:Man }
}
```

Dans SPARQL, il est possible de préciser des valeurs prédéfinies pour certaine variables de la requête, avec une clause **VALUES,** qui peut être écrite à la fin de la requête ou dans la section **WHERE**.

Dans l'exemple suivant, nous recherchons les ressources personnes qui ont un nom, soit « Peter », « Pedro » ou Pierre ».

```
PREFIX foaf: <http://xmlns.com/foaf/0.1/>
SELECT ?person ?name
WHERE {
 ?person foaf:name ?name .
}
VALUES ?name  { "Peter" "Pedro" "Pierre" }
```

II.   Filtres, Contraintes et fonctions

Dans cette section, nous présentons les filtres, les contraintes et les fonctions.

Les filtres : permettent d'exprimer des contraintes supplémentaires, pour l'évaluation de la requête.

Dans l'exemple suivant, nous recherchons des ressources dont l'âge est supérieur ou égale à 18.

```
PREFIX ex: <http://inria.fr/schema#>
SELECT ?person ?name
WHERE {
 ?person    rdf:type ex:Person ;
            ex:name  ?name ;
            ex:age   ?age .
 FILTER (xsd:integer(?age) >= 18)
}
```

Fonctions :

Fonctions	Description
isURI (?x)	**Booléen** : si la valeur de x est un URI d'une ressource
isBlank (?x)	**Booléen** : si la valeur de x est un blank nœud
isLitteral (?x)	**Booléen** : si la valeur de x est un littéral
xsd:integer (?x)	Transforme la valeur de x en entier
xsd:string (?x)	Transforme la valeur de x en chaine
CONTAINS(lit1, lit2)	Permet de rechercher l'occurrence d'une chaine dans une autre

STRSTARTS(lit1, lit2)	Permet de tester si une chaîne commence par un motif particulier
STRENDS(lit1, lit2)	Permet de tester si une chaîne se termine par un motif particulier
CONCAT(lit1,…,litn)	Permet de concaténer plusieurs chaînes
SUBSTR(lit,START[,length])	Extraire une sous-chaîne
ENCODE_FOR_URI(lit)	Encode une chaîne en URI
STRLEN(str)	Obtenir la longueur d'une chaîne
Fonctions pour date	YEAR(date), MONTH(date), DAY(date), HOURS(date), MINUTES(date), SECONDS(date), …
Fonctions numériques	ABS(val), CEIL(val), FLOOR(val), ROUND(val)
isNuméric(val)	Tester si une valeur est un nombre
….	…

Expression d'embranchement

Dans un **FILTER** SPARQL, il est possible d'utiliser de faire un test de la forme :

> IF … THEN…ELSE

Dans l'exemple, nous recherchons si la langue du littéral **name** est français, alors le résultat de l'expression : est ce que l'âge est supérieur ou égale à 18, sinon est ce que l'âge est supérieur ou égale à 21.

```
PREFIX foaf: <http://xmlns.com/foaf/0.1/>
SELECT * where {
 ?x foaf:name ?name ; foaf:age ?age .
 FILTER( if (langMatches(lang(?name), "FR"),
         ?age>=18, ?age>=21) )
}
```

Dans SPARQL, nous pouvons tester si une expression fait partie d'une liste de valeurs.

```
PREFIX foaf: <http://xmlns.com/foaf/0.1/>
SELECT * where {
   ?x foaf:name ?n .
   FILTER (?n IN ("fabien", "olivier", "catherine") )
}
```

Il est de même possible, de tester l'existence ou l'inexistence d'un motif dans le graphe.

Dans l'exemple suivant, on va retrouver un patron de graphe dans une clause FILTER avec NOT EXISTS, tel que l'âge ne soit pas égale à -1.

```
SELECT ?name
WHERE {
 ?x foaf:name ?name .
 FILTER NOT EXISTS { ?x foaf:age -1 }
}
```

Trier, Filtrer et limiter les réponses

Il est possible filtrer, de trier et de limiter les réponses.

Exemple : trier par noms les réponses de la n°21 à la n°40.

```
PREFIX foaf: <http://xmlns.com/foaf/0.1/>
SELECT ?name
WHERE { ?x foaf:name ?name . }
ORDER BY ?name
LIMIT 20
OFFSET 20
```

Il est possible d'agréger des résultats

```
PREFIX mit: <http://www.mit.edu#>
SELECT ?student
WHERE { ?student mit:score ?score . }
GROUP BY ?student
HAVING(AVG(?score) >= 10)
```

III. Différentes formes de requêtes

Il existe d'autres formes de la requête SPARQL.

1. la requête **ASK** qui nous retourne une valeur booléenne.

```
PREFIX foaf: <http://xmlns.com/foaf/0.1/>
ASK { ?person foaf:age 111 . }
```

Le résultat va être vrai ou faux, si la requête trouve la ressource personne qui a pour âge 111.

2. La requête **CONSTRUCT** qui construit un nouveau graphe à partir des résultats trouvées vérifiant la condition.

```
PREFIX mit:  <http://www.mit.edu#>
PREFIX corp: <http://mycorp.com/schema#>

CONSTRUCT { ?student a corp:FuturExecutive . }

WHERE     { ?student a mit:Student . }
```

IV. Modification des bases

Dans cette section, nous allons présenter la modification des bases RDF.

Cette partie du langage s'appelle **SPARQL Update**, permet

- D'ajuter,
- De retirer,
- De charger des triplets RDF, et
- Egalement de créer de nouveau graphe RDF.

La première instruction « **LOAD** », qu'on lui donne un URI, où se trouve un document RDF. Le résultat de l'interprétation de cette requête va consister à charger ce document RDF et à construire le graphe RDF qui correspond a cette description.

```
LOAD <http://example.org/dataset>
```

Le langage **SPARQL Update**, permet également d'insérer des triplets RDF avec les mots clés **INSERT DATA**.

Dans l'exemple suivant, nous allons insérer 3 triplets RDF, à savoir Jimmy à pour nom « Jimmy », connait « John » et connait « Robert ».

```
PREFIX foaf: <http://xmlns.com/foaf/0.1/>
PREFIX ex:   <http://example.org/>
INSERT DATA {
    ex:Jimmy foaf:name "Jimmy" ;
        foaf:knows ex:John, ex:Robert .
}
```

On peut aussi retirer des triplets, avec l'instruction **DELETE DATA**.

Dans l'exemple suivant, nous allons retirer le triplet où Jimmy connait Mick.

```
DELETE DATA {
    ex:Jimmy foaf:knows ex:Mick .
}
```

On peut de même ajouter ou retirer des triplets qui sont issu d'un calcul. Dans l'exemple suivant, on cherche des **X** qui sont des musiciens. Dans la partie **DELETE** on va retirer du graphe cible tous les triplets trouvés.

```
PREFIX ex: <http://example.org/>
DELETE {
    ?x a ex:Musician
}
WHERE {
    ?x a ex:Musician
}
```

De la même façon pour l'ajout. Dans l'exemple suivant, nous allons chercher les **X** qui sont des musiciens, qu'on va les ajouter au graphe par Artiste.

```
PREFIX ex: <http://example.org/>
INSERT {
    ?x a ex:Artist
}
WHERE {
    ?x a ex:Musician
}
```

Si on combine les **DELETE** et les **INSERT**, on va faire de la mise à jour.

```
PREFIX ex: <http://example.org/>
DELETE {
    ?x a ex:Musician
}
INSERT {
    ?x a ex:Artist
}
WHERE {
    ?x a ex:Musician
}
```

CHAPITRE IV : ONTOLOGIES ET SCHEMAS RDF

I.   Introduction aux Ontologies

Tim Berners-Lee présentait une vision de la perception du Web, essentiellement une perception documentaire, dans lequel on reliait des pages pour naviguer d'une page à l'autre. Mais cette perception ne rencontre qu'une seule dimension du Web, qui est une dimension documentaire.

Tim proposait, il faudrait être capable de capturé tous ou partie du modèle du monde et les besoins des utilisateurs, pour expliquer à la machine la façon pour laquelle puisse l'aider à la navigation, mais aussi de l'aider à la réalisation de sa tâche.

En fait, si la machine comprend le sens des données, si elle accède à la sémantique associée à ces données, alors elle peut proposée des actions à faire sur ces données de façon plus intelligente.

A partir de la question « **Quel est le dernier document que vous avez lu ?** ». Vous allez être capable de regarder dans votre mémoire tous les objets que vous avez manipulés et d'identifier les documents. Cette capacité est très simple cher les Humains, mais elle est très difficile en machine, c'est pour ça qu'on introduit la notion **d'ONTOLOGIE**.

Le raisonnement cher les Humains est basé sur une ontologie du monde, c'est-à-dire une certaine vision qu'on a du monde et des catégories qui organisent ce monde.

Cette ontologie est dite :

- **Raisonnable**, dans le sens, on va pouvoir faire des inférences dessus et
- **Partagée,** dans le sens, on va pouvoir se comprendre

Ces connaissances ontologiques sont souvent représentées sous la forme d'arbre, par ce qu'il y a une taxonomie des classes, des catégories que nous utilisons.

Par exemple, on connait que tout objets de type livre est aussi de type document. D'où la classe des livres est sous la classe des documents, et que les romans sont sous la classe des livres.

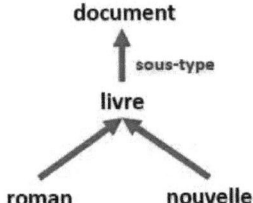

Il ya plusieurs façon de dire un livre, un « **livre** » ou un « **book** ». On peut alors dire qu'il existe un concept « **#21** » par exemple, qui représente le livre et qu'on va accrocher le terme « **livre** » et le terme « **book** ». On va de même donner le concept « **#12** » par exemple au document.

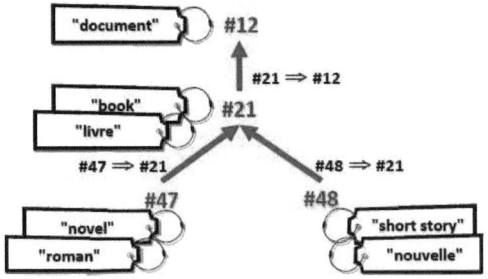

Le fait que chaque fois j'ai un livre alors j'ai un document, c'est-à-dire chaque fois j'ai un concept **#21**, j'ai un le **#12**, c'est ce qu'on va appeler une **Ontologie Formelle**.

Ce sont ces connaissances qu'on va mettre en machine, de façon à ce qu'elle soit capable de simuler les inférences que nous faisons naturellement.

II. Schémas POUR et PAR RDF

Un parmi les langages machine est celui de RDF-s qui va nous permettre, en plus du langage RDF, de documenter le vocabulaire qui est utilisé dans les données RDF pour décrire les ressources autour de nous.

RDF-s signifie « **RDF Schema** »

- C'est un vocabulaire léger pour décrire des ontologies légères les échangées sur le Web.
- S'écrit et se modélise en RDF
- S'interroge en SPARQL

Nous devons associer à des représentations RDF le vocabulaire qui sera utilisé. Pour se faire, nous devons passer par le mécanisme des espaces de nommages. D'où pouvoir indiquer le vocabulaire exact que nous utilisons.

Dans l'exemple, nous présentons la base du vocabulaire indiquant l'espace de nommage.

```
<rdf:RDF xml:base="http://inria.fr/2005/humans.rdfs"
 xmlns:rdf ="http://www.w3.org/1999/02/22-rdf-syntax-ns#"
 xmlns:rdfs="http://www.w3.org/2000/01/rdf-schema#">
(…)
</rdf:RDF>
```

Ce vocabulaire va nous permettre de décrire des classes de ressources et les propriétés. On peut alors définir nos propres classes et propriétés pour publier nos propres données. C'est un schéma pour décrire d'autres schémas.

Le cœur du vocabulaire RDF-s, est organisé autour des classes.

La figure suivante présente les classes principales de RDF-s.

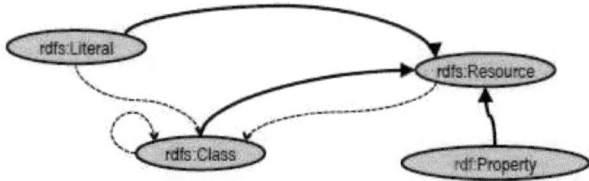

rdfs:Class : c'est la classe de toutes les classes, lorsque vous voulez crées votre propre classes de ressources, vous allez instancier **rdfs:Class**.

De même lorsque vous voulez expliquer quelles sont les propriétés que peuvent entretenir les ressources vous utilisez **rdf:Property**, pour décrire de nouvelles propriétés.

La classe **rdfs:Literal**, elle représente toutes les valeurs textuelles.

Enfin, **rdfs:Resource**, c'est la mère de toutes les classes, tout objet de type URI est considéré sur le Web comme ressource.

La classe **rdfs:Literal,** va se distinguée et se spécialisée avec différents sous-types de littéraux que l'on peut trouvez dans les données.

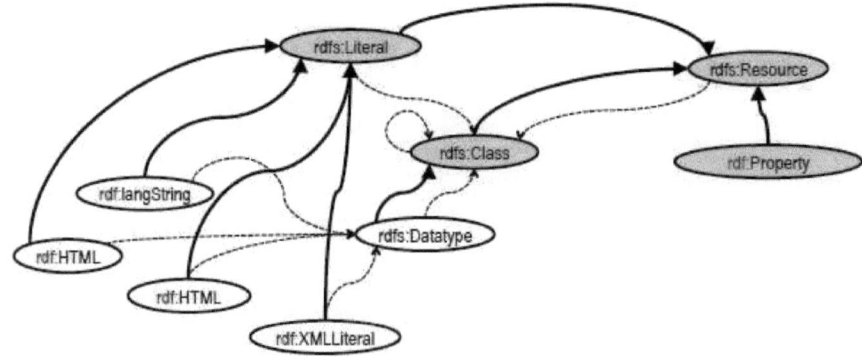

La classe **rdfs:Class,** va se distinguée en sous-classes, qui vont nous permettre de créer des listes, des ensembles, des séquences, des alternatives et organiser ses différents container et leurs contenues.

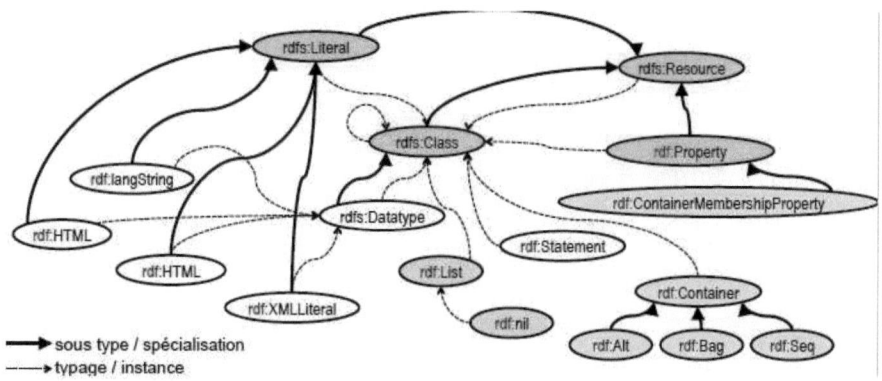

De même RDF-s, va nous fournir un vocabulaire pour décrire nos propriétés.

En premier lieu, les deux premières relations très importantes sont **rdfs:domain** et **rdfs:range**. Elles permettent de donner la signature de nos propriétés, c'est-à-dire d'indiquer quel type de ressources sont reliées par nos propriétés.

La propriété **rdfs:subPropertyOf**, nous permet de déclaré l'hiérarchie des propriétés, c'est-à-dire d'indiquer qu'un lien est sous-type d'un autre lien.

Une propriété particulaire, **rdf:type**, qui permet de donner le type d'un URI, c'est-à-dire de ranger un URI dans une classe particulière.

Un ensemble de propriétés nous permet aussi de documenter notre schéma, par exemple en donnant des labels, en associant des commentaires aux classes et propriétés.

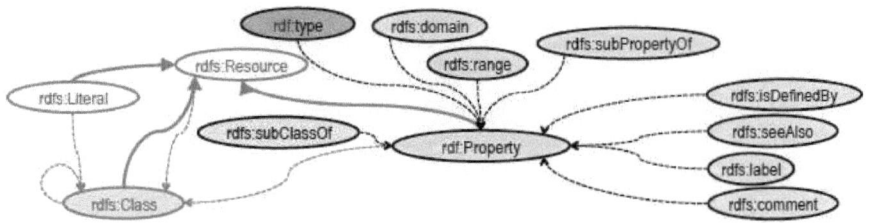

A ce stade, on peut donner deux règles de sémantiques, qui vont être utilisées en RDF-s, c'est-à-dire deux types d'inférences qui vont être faites systématiquement quand on utilise un moteur d'inférence RDF-s.

Ces deux règles présentent : qu'à chaque fois une ressource est utilisée comme sujet ou comme objet d'un triplet, elle est forcément rangée dans la classe des ressources.

Tout est ressource

```
SI x p y ALORS
x rdf:type rdfs:Resource
```

```
SI x p y ALORS
y rdf:type rdfs:Resource
```

III. Hiérarchies de Classes

Ce qui est très important à comprendre en RDF-s, c'est **la multi-instanciation** et le **multi-héritage**.

Multi-instanciation, par ce qu'un URI (ou ressource) va pouvoir appartenir à plusieurs classes. **Multi-héritage**, par ce qu'une même classe, peut hériter de plusieurs autres classes.

Les propriétés de RDF-s, permettent de déclarer les classes et les liens entre elles.

En utilisation le vocabulaire **rdfs:Class**, on peut déclarer que la classe
« **Man** » est une instance de **rdfs:Class**, puis on associe une hiérarchie à
cette classe, par exemple déclarer deux **superclasses**.

Dans l'exemple, on dit que la classe « **Man** » est sous la classe
« **Personne** » et sous la classe « **Male** ». Cela signifie, que si une ressource
est rangée dans la classe « **Man** », elle sera automatiquement rangée dans
la classe « **Personne** » et dans la classe « **Male** ».

```
<rdf:RDF xml:base="http://inria.fr/2005/humans.rdfs"
 xmlns:rdf ="http://www.w3.org/1999/02/22-rdf-syntax-ns#"
 xmlns:rdfs="http://www.w3.org/2000/01/rdf-schema#">
 <rdfs:Class rdf:ID="Man">
  <rdfs:subClassOf rdf:resource="#Person"/>
  <rdfs:subClassOf rdf:resource="#Male"/>
 </rdfs:Class>
</rdf:RDF>
```

En Turtle :

```
@prefix rdfs: <http://www.w3.org/2000/01/rdf-schema#> .
@base <http://inria.fr/2005/humans.rdfs> .
<Man> a rdfs:Class ;
      rdfs:subClassOf <Person>, <Male> .
```

Quelles inférences, que le système va pouvoir faire ?

La première inférence, est que toute de classe est sous-classe de
rdfs:resource. Dans l'exemple, nous avons déclaré la classe « Man » une
sous-classe de « Personne », le système va automatiquement ajouter que
« Man » est aussi une sous-classe de ressource.

1. Toute classe est sous-classe de
   rdfs:Resource
   ```
   SI c rdf:type rdfs:Class ALORS
   c rdfs:subClassOf rdfs:Resource
   ```

Deuxième inférence, c'est la propagation des types. Si j'ai une classe « Man » et une classe « Personne » qui ont un lien de sous-classe, si un URI est de type « Man », le système va automatiquement dériver que L'URI est aussi de type « Personne ».

2. Propagation des types

```
SI c2 rdfs:subClassOf c1
ET x rdf:type c2
ALORS x rdf:type c1
```

Troisième inférence, c'est la réflexivité des subsumptions. Dans l'exemple, la classe « Man » sera inféré comme sous-classe de la classe « Man », c'est-à-dire toute classe est une sous-classe d'elle-même.

3. Réflexivité de la subsumption

```
SI c rdf:type rdfs:Class
ALORS c rdfs:subClassOf c
```

Quatrième inférence, c'est la transitivité des subsumptions. Si « **Roman** » est une sous-classe de « **Livre** » qu'elle est sous-classe de « **Document** », il est logique de dire « **Roman** » est une sous-classe de « **Document** ».

4. Transitivité de la subsumption

```
SI c2 rdfs:subClassOf c1
ET c3 rdfs:subClassOf c2
ALORS c3 rdfs:subClassOf c1
```

IV. Hiérarchies des Propriétés

Les propriétés peuvent de même être organisées en hiérarchies.

Si on va déclarer que le type « **auteur** » existe entre un « **livre** » et une « **personne** », on peut aussi indiquer que cet auteur est sous-type de la relation « **Créateur** ».

A chaque fois qu'une ressource entretien une relation « **auteur** » avec une autre, elle entretien aussi une relation « **Créateur** » avec cette autre ressource.

Exemple :

On déclare la propriété « **HasMother** » est de type propriété. On peut dire qu'elle est sous-propriété d'une autre propriété « **HasParent** »

```
<rdf:RDF xml:base="http://inria.fr/2005/humans.rdfs"
 xmlns:rdf ="http://www.w3.org/1999/02/22-rdf-syntax-ns#"
 xmlns:rdfs="http://www.w3.org/2000/01/rdf-schema#">
<rdf:Property rdf:ID="hasMother">
 <rdfs:subPropertyOf rdf:resource="#hasParent"/>
</rdf:Property>
</rdf:RDF>
```

Quelles inférences, que le système va pouvoir faire ?

Première inférence, c'est la propagation des types. Si j'ai deux ressources « **x** » et « **y** », qui ont une relation entre elles « **P2** ». Et que cette propriété « **P2** » est sous-propriété de « **P1** », alors l'arc « **P1** » existe aussi entre « **x** » et « **y** ».

1. Propagation des types
```
SI p2 rdfs:subPropertyOf p1
ET x p2 y
ALORS x p1 y
```

Deuxième inférence, c'est la réflexivité de la subsumption. Est que toute propriété est une sous-propriété d'elle-même.

2. Réflexivité de la subsumption
```
SI p rdf:type rdf:Property
ALORS p rdfs:subPropertyOf p
```

Troisième inférence, c'est la transitivité de la subsumption. Si j'ai une propriété « **P1** » qui est au-dessus d'une propriété « **P2** » qui est elle-même au-dessus d'une propriété « **P3** » alors « **P3** » hérite aussi de « **P1** ».

3. Transitivité de la subsumption

```
SI p2 rdfs:subPropertyOf p1
ET p3 rdfs:subPropertyOf p2
ALORS p3 rdfs:subPropertyOf p1
```

V.   Signatures des Propriétés

On va appeler signature, la classe de départ et la classe d'arrivée d'une propriété. Par exemple pour « auteur », la classe de départ est « Document », la classe d'arrivée est « Personne ».

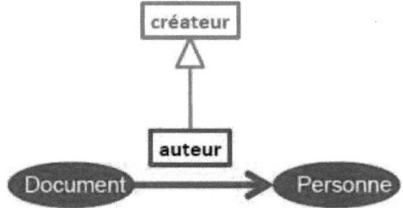

Avec la syntaxe XML :

```
<rdf:RDF xml:base="http://inria.fr/2005/humans.rdfs"
  xmlns:rdf ="http://www.w3.org/1999/02/22-rdf-syntax-ns#"
  xmlns:rdfs="http://www.w3.org/2000/01/rdf-schema#">
<rdf:Property rdf:ID="hasMother">
 <rdfs:subPropertyOf rdf:resource="#hasParent"/>
 <rdfs:domain rdf:resource="#Human"/>
 <rdfs:range  rdf:resource="#Woman"/>
</rdf:Property>
</rdf:RDF>
```

On va déclarer la propriété « **HasMother** », on va ajouter en premier temps un domaine « **rdfs:domain** », c'est-à-dire une classe de départ pour dire que cette propriété parle d'un Humain. On aoute ensuite « **rdfs:range** », c'est-à-dire une classe d'arrivée pour indiquer que cette propriété va relier un Humain à une femme.

En Turtle :

```
@prefix rdf: <http://www.w3.org/1999/02/22-rdf-syntax-ns#> .
@prefix rdfs: <http://www.w3.org/2000/01/rdf-schema#> .
@base <http://inria.fr/2005/humans.rdfs> .
<hasMother> a rdf:Property ;
  rdfs:subPropertyOf <hasParent> ;
  rdfs:domain <Human> ;
  rdfs:range  <Woman> .
```

On peut déclarer pour une propriété plusieurs « **rdfs:domain** » et plusieurs « **rdfs:range** ».

Pour la propriété « auteur »

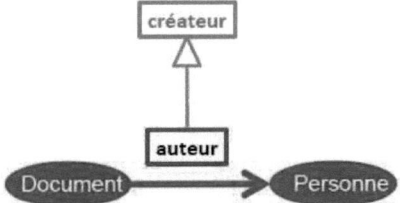

Si la propriété « Créateur », avait elle-même une signature entre un « objet » et un « agent ».

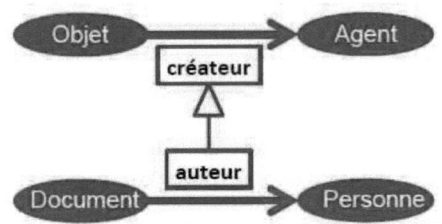

Cette signature est aussi héritée par « auteur ».

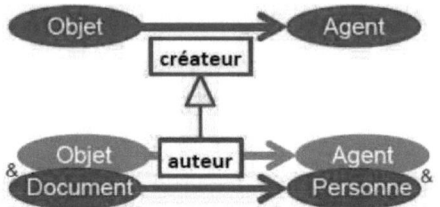

Par conséquent, le domaine effectif de « auteur » sera « document » et « objet », et le range effectif sera « Personne » et « Agent ».

Les ressources utilisées somme sujet de « auteur » seront systématiquement rangées dans « Objet » et « document » et les ressources utilisées comme valeurs de « auteur » seront systématiquement rangées dans « Agent » et « Personne »

<u>Quelles inférences, que le système va pouvoir faire ?</u>

Première inférence, c'est inférence de type (domaine). Si une ressource est utilisée comme sujet d'une propriété alors elle est automatiquement rangée dans la classe du domaine de cette propriété.

1. Inférence de type (domaine)
```
SI p rdfs:domain d ET x p y
ALORS x rdf:type p
```

Deuxième inférence, c'est inférence type (range).). Si une ressource est utilisée comme valeur d'une propriété alors elle est automatiquement rangée dans la classe du range de cette propriété.

2. Inférence de type (range)
```
SI p rdfs:range r ET x p y
ALORS y rdf:type r
```

VI. Documentation des schémas

La première documentation qu'on associe a nos schémas, sont les **Labels**.

Exemple suivant, montre la description de la propriété « name ».

Nous avons deux propriétés « **rdfs:label** », qui permettent d'associé des labels a cette propriété. La première, donne un label « nom » et le deuxième donne un label « nom de famille ».

On ajoute un troisième label « name » en anglais.

```
<rdf:RDF xml:base="http://inria.fr/2005/humans.rdfs"
 xmlns:rdf ="http://www.w3.org/1999/02/22-rdf-syntax-ns#"
 xmlns:rdfs="http://www.w3.org/2000/01/rdf-schema#">
 <rdf:Property rdf:ID='name'>
  <rdfs:label xml:lang='fr'>nom</rdfs:label>
  <rdfs:label xml:lang='fr'>nom de famille</rdfs:label>
  <rdfs:label xml:lang='en'>name</rdfs:label>
 </rdf:Property>
</rdf:RDF>
```

En Turtle :

```
@prefix rdf: <http://www.w3.org/1999/02/22-rdf-syntax-ns#> .
@prefix rdfs: <http://www.w3.org/2000/01/rdf-schema#> .
@base <http://inria.fr/2005/humans.rdfs> .
<name> a rdf:Property ;
        rdfs:label "nom"@fr, "nom de famille"@fr, "name"@en .
```

Une deuxième documentation, c'est les **commentaires**.

Dans l'exemple suivant, nous avons deux commentaires, un en français l'autre en anglais.

```
<rdf:RDF xml:base="http://inria.fr/2005/humans.rdfs"
 xmlns:rdf ="http://www.w3.org/1999/02/22-rdf-syntax-ns#"
 xmlns:rdfs="http://www.w3.org/2000/01/rdf-schema#">
 <rdfs:Class rdf:about='#Woman'>
  <rdfs:comment xml:lang='fr'>personne adulte de
                      sexe féminin</rdfs:comment>
  <rdfs:comment xml:lang='en'>female adult person</rdfs:comment>
 </rdfs:Class>
</rdf:RDF>
```

En Turtle :

```
@prefix rdf: <http://www.w3.org/1999/02/22-rdf-syntax-ns#> .
@prefix rdfs: <http://www.w3.org/2000/01/rdf-schema#> .
@base <http://inria.fr/2005/humans.rdfs> .
<Woman> a rdfs:Class ;
  rdfs:comment "adult femal person"@en ;
  rdfs:comment "une adulte de sexe féminin"@fr .
```

Une troisième documentation, c'est **SeeAlso**. Pour relier des classes entre elles, ou des propriétés sans forcément indiquer qu'il y a une sémantique ou une inférence.

Dans l'exemple suivant, on va mettre une relation entre la classe « **Man** » et la classe « **Woman** », pour dire quand quelqu'un regarde la classe « **Man** » il est intéressant aussi qu'il soit au courant qu'il existe aussi une classe « **Woman** ».

```
<rdf:RDF xml:base="http://inria.fr/2005/humans.rdfs"
  xmlns:rdf ="http://www.w3.org/1999/02/22-rdf-syntax-ns#"
  xmlns:rdfs="http://www.w3.org/2000/01/rdf-schema#">
  <rdfs:Class rdf:about='#Man'>
   <rdfs:seeAlso rdf:resource='#Woman'/>
  </rdfs:Class>
</rdf:RDF>
```

En Turtle :

```
@prefix rdf: <http://www.w3.org/1999/02/22-rdf-syntax-ns#> .
@prefix rdfs: <http://www.w3.org/2000/01/rdf-schema#> .
@base <http://inria.fr/2005/humans.rdfs> .
<Man> a rdfs:Class ; rdfs:seeAlso <Woman> .
```

CHAPITRE V : Formalisation en OWL

OWL : Web Ontology language, est une recommandation du W3C, donc c'est un standard pour le Web sémantique :

- Fournit des primitives supplémentaires pour des ontologies plus complexes.
- Permet des définitions plus riches des classes et des propriétés.
- Permet de tirer plus de conclusions, de faire plus inférences.

Le langage OWL, comme les autres langages du Web, définit un espace de nommage. On utilise le préfixe « **owl:** », pour se référer au **namespace** du langage OWL

I.   Relation des Classes

Avec le langage OWL, il est possible de définir de manière générale des classes grâce à des expressions logiques.

La première expression logique, permet de définir une classe par l'énumération des instances de cette classe.

Dans l'exemple, on va définir la classe couleur des yeux par les différentes énumérations des instances.

classes énumérées ⊕

```
<owl:Class rdf:id="EyeColor">
    <owl:oneOf rdf:parseType="Collection">
     <owl:Thing rdf:ID="Blue"/>
     <owl:Thing rdf:ID="Green"/>
     <owl:Thing rdf:ID="Brown"/>
     <owl:Thing rdf:ID="Black"/>
    </owl:oneOf>
</owl:Class>
```

Il ne sera pas possible d'ajouter d'autres instances, une fois défini.

En Turtle :

```
<EyeColor> rdf:type owl:Class ;
  owl:oneOf
     ( <Blue> <Green> <Brown> <Black> )   .
```

Il est de même possible de définir une classe, comme l'union de plusieurs autres classes. C'est-à-dire l'ensemble des instances de la classe est l'union des instances des classes considérées.

Dans l'exemple, nous avons la définition de la classe « **LegalAgent** » comme étant l'union des classes « **Personne** » et « **Groupe** ».

classes définies par union d'autres classes

```
<owl:Class rdf:id="LegalAgent">
   <owl:unionOf rdf:parseType="Collection">
        <owl:Class rdf:about="#Person"/>
        <owl:Class rdf:about="#Group"/>
   </owl:unionOf>
</owl:Class>
```

En Turtle :

```
<LegalAgent> rdf:type owl:Class ;
  owl:unionOf ( <Person> <Group> )   .
```

De la même manière, nous avons l'opérateur d'intersection.

classes définies par intersection

```
<owl:Class rdf:id="Man">
   <owl:intersectionOf rdf:parseType="Collection">
        <owl:Class rdf:about="#Person"/>
        <owl:Class rdf:about="#Male"/>
   </owl:unionOf>
</owl:Class>
```

En Turtle :

```
<Man> rdf:type owl:Class ;
  owl:intersectionOf ( <Person> <Male> )   .
```

Il est également possible, de définir une classe par un opérateur de négation.

Dans l'exemple, on définit la classe « **Inedible** »c'est-à-dire les choses qui ne sont pas mangeables comme étant le complément de la classe « **Edible** » c'est-à-dire les choses qui sont mangeables.

classes définies par négation

```
<owl:Class rdf:ID="Inedible">
    <owl:complementOf rdf:resource="#Edible"/>
</owl:Class>
```

En Turtle :

```
<Inedible> rdf:type owl:Class ;
  owl:complementOf <Edible> .
```

Il est possible de préciser que deux classes sont disjointes, c'est-à-dire que les ressources ne peuvent pas appartenir au deux classes en même temps.

Dans l'exemple, nous avons la classe « **square** » qui est disjointe de la classe « **Circle** ».

disjonction de deux classes ≠

```
<owl:Class rdf:ID="Square">
  <owl:disjointWith rdf:resource="#Circle"/>
</owl:Class>
```

En Turtle :

```
<Square> rdf:type owl:Class ;
  owl:disjointWith <Circle> .
```

Il est possible dans le même énoncé d'indiquer plusieurs classes qui sont disjointes deux à deux.

disjonction de plusieurs classes

```xml
<owl:AllDisjointClasses>
  <owl:members rdf:parseType="Collection">
    <owl:Class rdf:about="#Square"/>
    <owl:Class rdf:about="#Circle"/>
    <owl:Class rdf:about="#Triangle"/>
  </owl:members>
</owl:AllDisjointClasses>
```

En Turtle :

```
[] rdf:type owl:AllDisjointClasses ;
   owl:members
     ( <Square> <Circle> <Triangle> )
```

Il est possible de définir une classe, comme l'union disjointe d'autres classes. C'est-à-dire on indique qu'une classe est l'union d'autres classes, mais en même temps, on indique que toutes ces classes sont disjointes deux à deux.

Dans l'exemple, on indique que la classe « **Passenger** » est l'union disjointe des classes « **Adult** », « **Child** » et « **Pet** » et même temps on indique que toutes ces classes sont disjointes deux à deux.

union disjointe

```xml
<owl:Class rdf:about="Passenger">
  <owl:disjointUnionOf rdf:parseType="Collection">
    <owl:Class rdf:about="#Adult"/>
    <owl:Class rdf:about="#Child"/>
    <owl:Class rdf:about="#Pet"/>
  </owl:disjointUnionOf>
</owl:Class>
```

En Turtle :

```
<Passenger> rdf:type owl:Class ;
  owl:disjointUnionOf
    ( <Adult> <Child> <Pet> ) .
```

II.   Caractérisation des Propriétés

Le langage OWL, distingue trois types de propriétés :

- **Owl:ObjectProperty** : c'est-à-dire des propriétés ou des relations qui opèrent entre les ressources.
- **Owl:DatatypeProperty** : dont les valeurs sont des littérales.
- **Owl:AnnotationProperty** : ce sont des propriétés qui permettent de documenter une ontologie, qui sont ignorés par les inférences, donc ignorés par la sémantique.

A. Propriétés Symétriques

Nous pouvons spécifier un certain nombre de propriétés algébrique des relations, comme par exemple la propriété **owl:SymetricProperty**, qui indique s'il existe une relation entre « x » et « y » alors elle est de même dans l'entre sens entre « y » et « x ».

Exemple :

```
<owl:SymmetricProperty rdf:ID="hasSpouse" />
```

A partir du moment où une occurrence de la propriété « **hasSpouse** » existe entre deux ressources, alors l'inverse existe dans l'autre sens.

B. Propriétés Asymétriques

Une deuxième propriété **owl:AsymetricProperty**, si une propriété existe entre deux ressources elle ne peut pas exister en sens inverse.

Exemple :

```
<owl:AsymmetricProperty rdf:ID="hasChild" />
```

C. Propriétés Inverses

Il est possible de préciser que deux propriétés sont inverse l'une de l'autre, la relation « hasChild » est l'inverse de « hasParent ». Cela se définit par la proprité **owl:inverseof**.

Exemple :

```
<rdf:Property rdf:ID="hasChild">
  <owl:inverseOf rdf:resource="#hasParent" />
</rdf:Property>
```

Pour chaque occurrence « **hasChild** » entre deux ressources, on aura une occurrence de la relation « **hasParent** » en sens inverse.

D. Propriétés Transitives

Il est possible de préciser que des relations sont transitives.

Owl:TransitiveProperty.

Exemple :

```
<owl:TransitiveProperty rdf:ID="hasAncestor" />
```

Les ancêtres de mes ancêtres sont mes ancêtres. Ou les amis de mes amis sont mes amis.

E. Propriétés Disjointes

Il est possible de préciser que les propriétés sont disjointes. **owl:propertyDisjointwith**. Si on a une occurrence d'une propriété entre deux ressources, il n'est pas possible d'avoir une occurrence d'une autre propriété entre ces mêmes ressources.

Exemple :

```
<owl:ObjectProperty rdf:about="hasSon">
  <owl:propertyDisjointWith rdf:resource="hasDaughter"/>
</owl:ObjectProperty>
```

Les propriétés a pour fils « **hasSon** » et a pour fille « **hasDaughter** » sont disjointes.

F. Propriétés Réflexives

Il est possible de spécifier qu'une propriété est refléxive. **Owl:ReflexiveProperty**.

C'est-à-dire qu'une relation d'applique à tous les individus. Tous les individus sont en relation avec eux-mêmes.

Exemple :

```
<owl:ReflexiveProperty rdf:about="hasRelative"/>
```

G. Propriétés Irréflexives

A l'inverse, il est possible de préciser qu'une propriété, est irréflexive. **Owl:IrreflexiveProperty**. En aucun une propriété, peut relier un individu à lui-même.

Exemple :

```
<owl:IrreflexiveProperty rdf:about="hasParent"/>
```

H. Propriétés Chaînées

Il est possible de définir une propriété, par une chaîne de propriétés. **Owl:propertyChainAxiom**.

Exemple :

```
<owl:ObjectProperty rdf:ID="uncle">
  <owl:propertyChainAxiom rdf:parseType="Collection">
    <owl:ObjectProperty rdf:about="#parent"/>
    <owl:ObjectProperty rdf:about="#brother"/>
  </owl:propertyChainAxiom>
</owl:ObjectProperty>
```

La relation « **uncle** », elle peut être définie comme une combinaison de la relation « **Parent** » et de la relation « **brother** ».

I. Propriétés Fonctionnelles

Il est possible de spécifier que des propriétés sont fonctionnelles. **Owl:FunctionalProperty**. C'est-à-dire qu'une propriété donnée pour une ressource ne peut avoir qu'une seule valeur.

Exemple :

```
<owl:FunctionalProperty rdf:ID="birthDate" />
```

J. Propriétés Inverses Fonctionnelles

Il est possible de spécifier qu'une propriété est inverse fonctionnelle. **Owl:InverseFunctionalProperty**.

Si nous avions deux sujets de ressources qui avaient la même valeur alors nous pouvons déduire que ces deux ressources sont identiques.

Exemple :

```
<owl:InverseFunctionalProperty
    rdf:ID="socialSecurityNumber" />
```

Si deux ressources avait le même numéro de sécurité sociale, alors ces deux ressources sont les mêmes.

K. Identification par des Clés

Il est possible de spécifier l'identité des ressources à l'aide de clés. **Owl:hasKey**.

C'est-à-dire que si deux instances qui auraient exactement les mêmes valeurs pour les mêmes propriétés, seraient en réalité les mêmes.

Exemple :

```
ex:Person owl:hasKey ( ex:hasSSN ) .
```

Le numéro de sécurité sociale, peut jouer le rôle de clés.

III. Equivalences & Alignements

A. Equivalences de Classes

Il est possible de définir en OWL, le fait que deux classes sont équivalentes. **Owl:equivlentClass**.

C'est-à-dire que ces deux classes rassemblent exactement les mêmes ressources.

Exemple :

```
ex:Human owl:equivalentClass foaf:Person
```

Si une ressource est de type humain elle est de type Personne, et inversement.

B. Equivalences de Propriétés

Il est possible spécifier que deux propriétés sont équivalentes. **owl:equivalentProperty**.

C'est-à-dire que les deux propriétés expriment exactement la même relation.

Exemple :

```
ex:name owl:equivalentProperty my:label
```

La propriété « name » est équivalente à « Label ». C'est-à-dire, pour toute occurrence de la prorpiété « name » entre deux ressources, on peut en déduire une occurrence de la propriété « Label » entre mêmes ressources. Et inversement.

C. Ressources Identiques

Il est possible de spécifier que deux URI identifient la même ressource. **Owl:sameAs**

□≡□

Exemple :

```
ex:Bill owl:sameAs ex:William
```

Nous déclarons que toutes ressources identifiées par Bill est identifiées par William.

Cette propriété est transitive :

* URI_1 owl:sameAs URI_2
* URI_2 owl:sameAs URI_3
...
* URI_1 owl:sameAs URI_3

D. Ressources Différentes

Il est possible de préciser que deux URI dénotent deux ressources différentes. **Owl:differentFrom**.

□≠□

Exemple :

```
ex:Good owl:differentFrom ex:Evil
```

IV. Restriction de propriétés

A. Restriction de toutes les valeurs d'une propriété

Une restriction de propriétés permet de définir une classe par une contrainte qui porte sur les instances de la classe. Cette contrainte s'exprime par une restriction, sur les types de valeurs possibles d'une propriété.

Exemple :

```
<owl:Class rdf:ID="Herbivore">
  <rdfs:subClassOf rdf:resource="#Animal"/>
  <rdfs:subClassOf>
   <owl:Restriction>
    <owl:onProperty rdf:resource="#eats" />
    <owl:allValuesFrom rdf:resource="#Plant" />
   </owl:Restriction>
  </rdfs:subClassOf>
</owl:Class>
```

Dans cet exemple, nous définissons la classe « **Herbivore** » comme étant une sous-classe de la classe « **Animal** » et se sont des animaux qui mangent des plantes.

B. Restriction de certaines valeurs d'une propriété

Nous allons voir une contrainte de restriction sur certaine valeurs d'une propriété.

Exemple :

```
<owl:Class rdf:ID="Sportive">
 <owl:equivalentClass>
  <owl:Restriction>
   <owl:onProperty rdf:resource="#hobby" />
   <owl:someValuesFrom rdf:resource="#Sport" />
  </owl:Restriction>
 </owl:equivalentClass>
</owl:Class>
```

Nous pouvons définir la classe des sportifs, comme étant les ressources tels qu'il existe une valeur de la propriété « **hobby** » qui soit de type « **Sport** ».

C. Restriction à une seule valeur pour une propriété

Nous allons voir maintenant, une contrainte sur la valeur d'une propriété, c'est-à-dire spécifier la valeur exacte que doit prendre la propriété pour une classe de ressource.

Exemple :

```
<owl:Class rdf:ID="Bicycle">
 <rdfs:subClassOf>
  <owl:Restriction>
   <owl:onProperty rdf:resource="#nbWheels" />
   <owl:hasValue>2</owl:hasValue>
  </owl:Restriction>
 </rdfs:subClassOf>
</owl:Class>
```

La classe « **Bicycle** » est définie comme une restriction sur la valeur de la propriété nombre de roues « **nbWheels** ».

D. Restriction de la relation avec soi-même

Il est possible également, de définir une restriction sur une propriété qui va définir l'ensemble des ressources qui ont-elles mêmes pour valeur de cette propriété.

Exemple :

```
ex:NarcisticPerson rdfs:subClassOf

[ a owl:Restriction ;
   owl:onProperty ex:love ;
   owl:hasSelf true ]
```

Ici, une personne « NarcisticPerson », c'est une personne qui s'aime elle-même. La classe « NarcisticPerson » est une sous-classe de la restriction sur la propriété « love », contrainte c'est « **hasSelf true** » c'est-à-dire que ces ressources s'aiment elles mêmes.

E. Restriction de cardinalité

Nous allons voir maintenant, les contraintes sur les cardinalités. C'est-à-dire, exprimer des contraintes sur le nombre de valeurs possibles que peut prendre une propriété.

Exemple :

```
<owl:Class rdf:ID="Person">
 <rdfs:subClassOf>
  <owl:Restriction>
   <owl:onProperty rdf:resource="#name" />
   <owl:maxCardinality>1</owl:maxCardinality>
  </owl:Restriction>
 </rdfs:subClassOf>
</owl:Class>
```

La classe des personnes, est une sous-classe d'une restriction sur la propriété « **name** », de telles manières qu'au plus on peut avoir un seul nom.

F. Restriction de cardinalité qualifié

On peut spécifier la cardinalité sur le type des valeurs possibles, c'est-à-dire que on peut indiquer par exemple, pour la classe « **Human** », pour la propriété « **hasPaent** », on peut dire qu'il y a une restriction sur les valeurs possibles de la propriété « **hasParent** », il doit y avoir une valeur de type « **Male** » et cela s'exprime par une propriété « **owl:qualifiedCardinality** ».

```
<owl:Class rdf:ID="Human">
 <rdfs:subClassOf>
  <owl:Restriction>
   <owl:onProperty rdf:resource="#hasParent" />
   <owl:onClass rdf:resource="#Male" />
   <owl:qualifiedCardinality>1</owl:qualifiedCardinality>
  </owl:Restriction>
 </rdfs:subClassOf>
</owl:Class>
```

EXERCICES

Table des matières

Quiz N°1

Pour l'invention de quel terme Ted Nelson est-il connu ?
   a. Internet
   b. Mondaneum
   c. Hypertexte
   d. Web
   e. Mémex

Quiz N°2

Identifier les trois notions au cœur de l'architecture initiale du Web
   a. Le protocole TCP/IP
   b. Le langage HTML
   c. Les feuilles CSS
   d. Les adresses URL
   e. Le protocole HTTP
   f. Les moteurs de recherche

Quiz N°3

Quel est le statut d'un standard finalisé au W3C ?
   a. Un « last Call »
   b. Une recommandation
   c. Une note
   d. Une activité
   e. Une soumission de membres
   f. Une RFC

Quiz N°4

Quels standards suivants sont des langages au format XML ?
   a. HTTP 1.0
   b. HTML 3.2
   c. SVG 1.1
   d. WSDL 1.1
   e. DTD
   f. MathML 3.0

Quiz N°5

Quel est le tout dernier standard d'identification internationalisé sur le Web ?
   a. URN
   b. URI
   c. Ressource
   d. IRI
   e. Namespace
   f. URL

Quiz N°6

Dans cette liste, quel est le premier acteur à contrôler la réponse lorsque l'on interroge un URI http?
   a. Celui qui contrôle le serveur Web où sont les données à propos de cet URI
   b. Celui qui possède le nom de domaine de cet URI
   c. Celui qui publie les données à propos de cet URI

Quiz N°7

Dans l'architecture Web sémantique, quels changements fait-on pour décrire des ressources ? (plusieurs réponses)
   a. HTTP remplacé par RDF
   b. URL généralisés aux URI ou IRI
   c. HTML remplacé par XSL
   d. HTML remplacé par RDF
   e. HTML remplacé par CSS

Quiz N°8

En utilisant un moteur de recherche sur le Web, retrouvez le document de la recommandation XML 1.0 (édition 5) sur le site du W3C.
De quelle année date l'édition 5 de la recommandation XML 1.0 ?

Retrouver les étapes de standardisations.
Voici les étapes de standardisation au W3C dont on a enlevé des mots clefs remplacés par **AAAA, BBBB, CCCC, DDDD** et **EEEE**

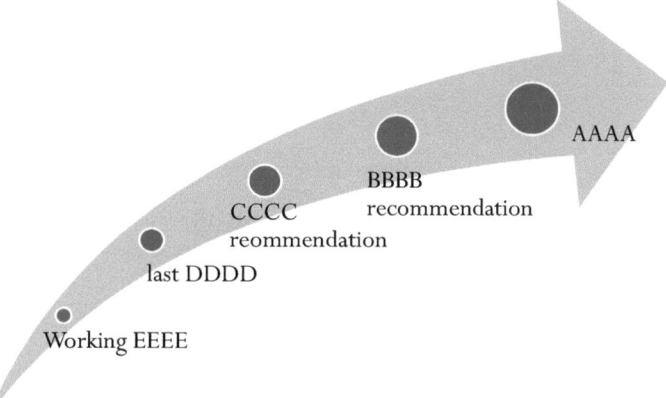

Indiquez le mot clef remplacé par **AAAA**	
Indiquez le mot clef remplacé par **BBBB**	
Indiquez le mot clef remplacé par **CCCC**	
Indiquez le mot clef remplacé par **DDDD**	
Indiquez le mot clef remplacé par **EEEE**	

En utilisant un moteur de recherche sur le Web, retrouvez le document RDF 1.1 « Concept and Abstract Syntax » au W3C. Assurez-vous d'être sur la version la plus à jour (lien « latest published version » dans le document).
Quel est le statut du document « RDF 1.1 « Concept and Abstract Syntax » au W3C ?
   a. Working Draft
   b. Candidate Recommendation
   c. Recommendation
   d. Proposed Recommendation
   e. Last Call

Assurez que ce XML est bien formé, attention, vérifiez bien tous les caractères supprimés indiqués par **AAAA**, **BBBB**, **CCCC** et **DDDD**

```
<livre>
<AAAA>Architecture Now</titre>
<auteur>Jodidio, Philip<BBBB>
<ID isbn10="3822840912" CCCC>
<DDDD>
```

Indiquez le mot clef remplacé par **AAAA**	
Indiquez le mot clef remplacé par **BBBB**	
Indiquez le mot clef remplacé par **CCCC**	
Indiquez le mot clef remplacé par **DDDD**	

Dans l'architecture Web, on appelle « Ressource » :
- a. Tout ce qui peut s'écrire en anglais
- b. Tout ce qui peut être identifié par un URI
- c. Tout ce qui a une page Web
- d. Tous les objets physiques

Dans les principes de base des données ouvertes et liés sur le Web, on recommande … (plusieurs réponses)
- a. De définir des descriptions en anglais sur les ressources identifiées.
- b. D'utiliser des URI HTTP pour identifier des ressources
- c. De publier toutes les données même les données privées.
- d. De mettre à jour les données en temps réel
- e. De renvoyer une description de la ressource quand son URI HTTP est suivi.
- f. D'inclure dans les descriptions des liens vers d'autres descriptions
- g. De traduire les descriptions dans un maximum de langues.

Quiz N°14

Quelle est la structure de données du modèle RDF ?
   a. Un arbre XML
   b. Une liste doublement chainée
   c. Un multi-graphe étiqueté orienté
   d. Une matrice d'adjacence
   e. Un triplet unique

Quiz N°15

Quelle est la syntaxe historique de RDF ?
   a. TriG
   b. N-triples
   c. RDFa
   d. RDF/XML
   e. Turtle

Quiz N°16

Que décrivent les données RDF/XML suivantes ?

```
<?xml version="1.0"?>
<rdf:RDF xmlns:rdf="http://www.w3.org/1999/02/22-rdf-syntax-ns#"
       xmlns:exs="http://example.org/schema#">
  <rdf:Description rdf:about="http://example.org/doc.html">
  <rdf:type rdf:resource="http://example.org/schema#Report"/>
  <exs:theme rdf:resource="http://example.org#Music"/>
  <exs:theme rdf:resource="http://example.org#History"/>
  <exs:nbPages
rdf:datatype="http://www.w3.org/2001/XMLSchema#int">23</exs:nbPage
s>
  </rdf:Description>
</rdf:RDF>
```

   a. Une bibliographie avec 23 références en histoire de la musique
   b. Un rapport de 23 pages sur le thème de la musique et de l'histoire
   c. Un document à propos du rapport entre histoire et musique

Pour représenter les trois seuls vainqueurs d'une course, classés selon l'ordre d'arrivée, j'utilise préférablement…. ?:

    a. Des alternatives (rdf:Alt)
    b. Une séquence (rdf:Seq)
    c. Une collection (rdf:List)
    d. Un groupe (rdf:Bag)

Rdf:about	Rdf:resource	Rdf:type	Xsd:string
Rdf:datatype	Rdf:nil	Xml:lang	Rdf:List

Quel est le nom de l'attribut RDF permettant d'indiquer le sujet d'un triplet RDF dans la syntaxe XML ?	
Quel est le nom de l'attribut RDF permettant d'indiquer la valeur d'un triplet RDF, lorsqu'il s'agit d'une ressource, dans l'élément XML représentant la propriété du triplet RDF ?	
Quel est le nom de l'attribut RDF permettant d'indiquer la valeur d'un triplet RDF, lorsqu'il s'agit d'une ressource, dans l'élément XML fils de celui représentant la propriété du triplet ?	
Quelle propriété RDF permet d'associer un type à une ressource ?	
Quel est le nom de l'attribut RDF qui permet de typer une valeur littérale ?	
Quel est le type par défaut d'une valeur littérale ?	
Quel es le nom de l'attribut qui permet de préciser la langue d'une valeur littérale ?	
Quel est le type d'une ressource représentant une liste de valeurs ?	
Quelle est l'URI représentant la liste vide ?	

Nous allons maintenant construire une petite description RDF. Il s'agit de représenter l'énoncé suivant :
« Margot est une femme journaliste, âgée de 32 ans, mariée à Arthur qui est un homme avec qui elle a deux enfants, Marie qui est une femme et Simon qui est un homme. » Pour chaque personne on spécifie aussi explicitement le nom.
Commençons par analyser ce problème de modélisation dans la syntaxe abstraite du modèle RDF.
Compléter le graphe RDF suivant en utilisant les URI suivants :

:Arthur	:Simon	Voc:name	Voc:hasChild	Voc :hasSpuse	Rdf :type
Voc:Woman	Voc:man	Margot	Arthur	Marie	Simon

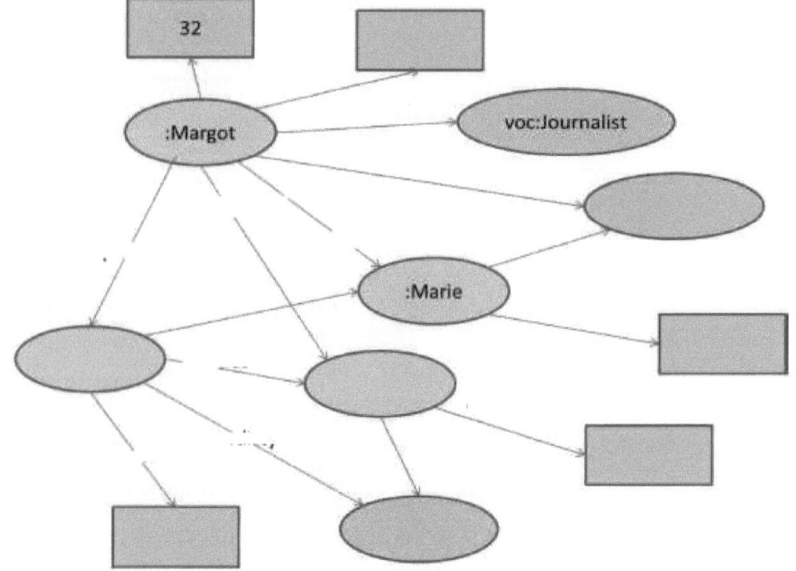

Quiz N°20

Considérer la base de triplet et la requête suivantes :
Voici une requête et une base de triplets. Quelles sont toutes les réponses trouvées par cette requête sur cette base ?

```
_:a ex:name "Fabien"
_:b ex:name "Thomas"
_:c ex:name "Lincoln"
_:d ex:name "Aline"
_:b ex:email <mailto:thom@chaka.sn>
_:a ex:email <mailto:Fabien.Gandon@inria.fr>
_:d ex:email <mailto:avalandre@pachinko.jp>
_:a ex:email <mailto:bafien@fabien.info>
```

triplets dans la base

```
SELECT ?name WHERE {
 ?x ex:name ?name ;
    ex:email ?email .
}
```

requête

Que contient le résultat de cette requête sur cette base ? (Sélectionnez toutes les affirmations vraies)

    a. Fabien (1 fois)
    b. Fabien (2 fois)
    c. Fabien (3 fois)
    d. Thomas (1 fois)
    e. Thomas (2 fois)
    f. Thomas (3 fois)
    g. Lincoln (1 fois)
    h. Lincoln (2 fois)
    i. Lincoln (3 fois)
    j. Aline (1 fois)
    k. Aline (2 fois)
    l. Aline (3 fois)

Que demande cette requête ?

```
PREFIX  ex:   <http://www.exemple.abc#>
SELECT  ?x
WHERE  {
 ?x  rdf:type  ?type  .
 FILTER (!  (  ?type  =  ex:Man  ) )
}
```

     a. Toutes les femmes
     b. Les ressources qui ont au moins un type autre que ex:Man
     c. Tous les hommes
     d. Les ressources qui ne sont pas de type ex:Man

Quiz N°22

Considérer la requête suivante :

```
prefix ex: <http://example.org/>
select *
from ex:g1
from named ex:g2
where {
  ?x ?p ?y
  graph ?g { ?y ?q ?z}
}
```

1- Sur quel graphe est calculé ?x ?p ?y
     a. Ex:g1
     b. Ex:g2
     c. Les deux
     d. Aucun des deux
2- sur quel graphe est calculé ?g
     a. Ex:g1
     b. Ex:g2
     c. Les deux
     d. Aucun des deux

Regarder cette requête pour en déduire ce quelle fait.

```
prefix ex: <http://example.org/>
select ?x (avg(?a) as ?b)
where {
 ?x ex:knows ?y .
 ?y ex:age ?a
}
group by ?x
```

    a. L'âge des connaissances de ?x
    b. La moyenne des âges des connaissances de ?x
    c. Le nombre de connaissances de ?x qui ont un âge
    d. Pour chaque valeur de ?x, la moyenne des âges des connaissances de ?x

Requête 1) select ?x ?p ?y   where { ?x ?p ?y }
Requête 2) construct { ?x ?p ?y } where { ?x ?p ?y }

1- ces deux requêtes retournent-elles le même résultat ?
    a. Oui
    b. Non
2- qu'est ce qui les différencie ?
    a. Rien, elles sont similaires
    b. L'ordre des résultats peut différer
    c. La (1) retourne des valeurs de variables, la (2) retourne des triplets
    d. La (1) retourne des triplets, la (2) retourne des valeurs de variables

http://fr.dbpedia.org/sparql?query=select * where { ?x rdfs:label
"Paris"@fr }

Que retourne cette requête HTTP ?
    a. La page d'accueil de fr.dbpedia.org
    b. Les ressources de dbpedia qui ont « Paris » comme label en anglais
    c. Les ressoures de dpbedia qui ont comme label « Paris » en français
    d. Vrai si le SPARQL endpoint de dbpedia trouve au moins une
       réponse à la requête
    e. Les labels de Paris dans dbpedia en français

Le langage de requête SPARQL :
    a. SPARQL permet d'ajouter et/ou de retirer un triplet, mais pas de le
       modifier
    b. La combinaison de DELETE et INSERT permet de modifier un
       triplet
    c. L'opération UPDATE permet de modifier un triplet

insert data { }
insert { } where { }

    a. Il n'y a pas de différence
    b. Le premier insère des données et le deuxième insère des triplets
    c. Le premier insère des triplets décrits, le deuxième insère des triplets
       calculés

Quiz N°28

Que fait cette requête :

```
delete  { ?x foaf:name  ?n }
insert  { ?x rdfs:label ?n }
where   { ?x foaf:name  ?n }
```

    a. Elle retire les noms des ressources qui ont un label
    b. Elle remplace le nom des ressources par un label
    c. Elle ajoute un label aux ressources qui ont un nom

Quiz N°29

Si on réécrit le triplet requête suivant avec un filtre, lequel est correct ?

```
?x foaf:name "John"@fr
```

    a. ?x foaf :name ?n. ?n = "john"@fr
    b. ?x foaf :name ?n. filter(?n ="john"@fr)
    c. ?x foaf :name ?n. filter ?n ="john"@fr

Quiz N°30

Quel filtre permet de trouver les ressources dont le nom est compris entre 'c' et 'o' ?

```
prefix foaf: <http://xmlns.com/foaf/0.1/>
select * where {
  ?x foaf:name ?n
  filter ( )
}
```

    a. ?n>="c" && ?n<="o"
    b. ?n="c" || ?n="o"
    c. ?n<"c" && ?n> "o"

Quiz N°31

Que retourne cette requête ?

```
prefix foaf: <http://xmlns.com/foaf/0.1/>
select ?x (if (bound(?n), ?n, "JohnDoe") as ?m)
where {
  ?x foaf:knows ?y
  optional { ?y foaf:name ?n }
}
```

    a. Les noms des connaissances de ?x quand elles ont un nom
    b. Les noms des connaissances de ?x
    c. Les noms des connaissances de ?x ou JohnDoe quand leur nom est inconnu
    d. Les ?x qui ont des connaissances dont le nom est éventuellement JohnDoe

Quiz N°32

Que retourne cette requête ?

```
prefix foaf: <http://xmlns.com/foaf/0.1/>
select * where {
  ?x a foaf:Person
  filter not exists { ?x foaf:knows ?y }
}
```

    a. Les ressources qui connaissent quelqu'un
    b. Les ressources qui ne connaissent pas grand monde
    c. Les ressources qui ne connaissent personne
    d. Les ressources qui connaissent ?y

En considérant cette base de triplets

```
ex:John ex:age "18" .
ex:Jim  ex:age "20" .
ex:Jack ex:age "22" .
```

Comment corriger le filtre pour que la requête suivante retourne des résultats ?
  a. Filter(xsd :string(?a)<= 30)
  b. Filter(xsd :integer(?a)<= 30)
  c. Filter(?a <= xsd :integre(30))
  d. Filter(xsd :integre(?a) <= xsd :string(30))

Quiz N°34

Que fait cette requête.

```
prefix ex: <http://example.org/>
insert { ?y ex:hasParent ?x }
where  { ?x ex:hasChild ?y }
```

  a. Mettre à jour les triplets hasParent
  b. Ajouter un triplet inverse hasParent pour chaque triplet hasChild
  c. Remplacer les triplets hasChild par des triplets hasParent

Quiz N°35

Que fait cette requête ?

```
prefix ex: <http://example.org/>
insert { ?x ex:count ?c }
where  {
 select ?x (count(?y) as ?c)
 where { ?x ex:hasChild ?y }
 group by ?x
}
```

  a. Aouter des enfants
  b. Ajouter des triplets avec le nombre d'enfants
  c. Compter le nombre d'enfants
  d. Ajouter des triplets avec le nombre de parents

Quiz N°36

Que fait cette requête ?

```
prefix ex: <http://example.org/>
delete { ?x ex:age ?a }
insert { ?x ex:age ?i }
where  {
  select ?x (xsd:integer(?a) as ?i)
  where {
    ?x ex:age ?a
    filter(xsd:datatype(?a) = xsd:string)
  }
}
```

    a. Remplacer les triplets âge dont la valeur est une chaîne par des triplets dont la valeur est transformée en entier
    b. Ajouter des triplets âge quand il en manque
    c. Supprimer les triplets âge quand il y en a trop

Quiz N°37

Etant donné le graphe suivant :

```
ex:John foaf:name "John" ;
  rdfs:label "Jack" .
  ex:Jim foaf:name "Jim" .
```

Les deux requêtes donnent-elles les mêmes résultats ?

```
select * where {
  { ?x foaf:name  ?n }
  union { ?x rdfs:label ?l }
}
select * where {
  ?x foaf:name  ?n
  optional { ?x rdfs:label ?l }
}
```

    a. Oui
    b. Non

Quiz N°38

Etant donné le graphe suivant :

```
ex:John foaf:knows ex:Jack, ex:James .
ex:Jim  foaf:knows ex:James, ex:Jack .
```

Que retourne la requête ci-dessous ?

```
prefix foaf: <http://xmlns.com/foaf/0.1/>
select distinct ?x ?z where {
  ?x foaf:knows ?y .
  ?z foaf:knows ?y
  filter (?x != ?z)
}
```

    a. ?x= ex:John, ?z=ex:"Jim"
    b. ?x= ex:Jim, ?z=ex:"John"
    c. ?x= ex:Jhon, ?z=ex:"Jim" ; ?x= ex:Jim, ?z=ex:"John"

Quiz N°39

Comment trier les résultats par ordre alphabétique de nom et prénom

```
prefix ex: <http://example.org/>
select * where {
  ?x ex:firstName ?f ;
     ex:lastName  ?l
}
```

    a. Order by ?l
    b. Order by ?l ?f
    c. Order by ?f

Quiz N°40

Que calcule cette requête ?

```
prefix ex: <http://example.org/>
select ?x (count(?doc) as ?c) where {
  ?x ex:author ?doc
}
group by ?x
order by desc(count(?doc))
```

    a. Compter les ressources auteur de documents
    b. Compter les documents dont les ressources sont auteur et trier par ordre inverse de nombre de documents
    c. Compter les ressources auteur du plus grand nombre de documents
    d. Compter les documents dont les ressources sont auteur

Quiz N°41

Que calcule cette requête ?

```
select (concat(?f, ?l) as ?res)
where {
  ?x ex:firstName ?f ;
     ex:lastName  ?l
}
```

    a. Le prénom et le nom
    b. La concaténation du prénom et du nom
    c. Le prénom ou le nom

Quiz N°42

Que retourne cette requête ?

```
prefix ex: <http://example.org/>
select * where {
  ?x ex:date "2013-12-11"^^xsd:date
}
```

    a. Les ressources reliées à une ressource "2013-12-11"^^xsd:date
    b. Les ressources reliées à la chaîne de caractères "2013-12-11"
    c. Les ressources reliées à la date 2013-12-11

Quiz N°43

Parmi les affirmations suivantes, lesquelles sont justes ? (plusieurs réponses)

  a. Une ontologie est forcément formalisée en logique du premier ordre
  b. Une ontologie peut permettre des raisonnements sur les données qui l'utilisent
  c. Les graphes conceptuels peuvent représenter une ontologie
  d. Une ontologie partagée favorise l'interopérabilité
  e. Les logiques de description peuvent représenter une ontologie

Quiz N°44

Voici un petit schéma en RDFs :

```
@prefix rdfs: <http://www.w3.org/2000/01/rdf-schema#>
@base <http://inria.fr/2005/humans.rdfs>
<B> rdfs:subClassOf <A> .
<C> rdfs:subClassOf <A> .
<D> rdfs:subClassOf <B> .
<D> rdfs:subClassOf <C> .
```

Que définit-on et dérive-t-on de ces définitions ? (plusieurs réponses)

  a. A comme une sous-classe de B et C
  b. B et C comme des sous-classes de A
  c. B et C comme des sous-classes de D
  d. D comme une sous-classe de B et C
  e. D comme une sous-classe de A

Quiz N°45

Voici un petit schéma en RDFs :

```
@prefix rdfs: < http://www.w3.org/2000/01/rdf-schema# >
@base < http://inria.fr/2005/humans.rdfs >
<P2> rdfs:subPropertyOf <P1> .
<P3> rdfs:subPropertyOf <P1>.
<P4> rdfs:subPropertyOf <P2>, <P3>.
```

Que dire des propriétés définies dans ce schéma ? (plusieurs réponses)

a. P2 et P3 héritent de P4
b. P2 et P3 héritent de P1
c. P2 hérite de P3
d. P1 hérite de P2, P3 et P4
e. P4 hérite de P1, P2 et P3
f. Leur hiérarchie utilise l'héritage multiple

Quiz N°46

Voici un petit schéma en RDFs :

```
@prefix rdfs: < http://www.w3.org/2000/01/rdf-schema# >
@base < http://inria.fr/2005/humans.rdfs >
<P1> rdfs:subPropertyOf <P2> .
<P2> rdfs:domain <B> ; rdfs:range <C> .
<P1> rdfs:domain <A> .
```

Que définit-on et dérive-t-on de ces définitions ? (plusieurs réponses)
a. P2 comme une propriété portant sur A
b. P1 comme une propriété partant de ressources de type A ou B
c. P1 comme une propriété partant de ressources étant à la fois A et B
d. P2 comme une sous-propriété de P1
e. P1 comme sous-propriété de P2
f. P1 et P2 comme des propriétés arrivant à des objets de type C

Voici un extrait du code (en syntaxe RDF/XML) qui pourrait être utilisé pour représenter l'ontologie que nous venons d'imaginer.

Dans cet extrait nous avons supprimé plusieurs morceaux que nous vous demandons de retrouver.

```
<?xml version="1.0" encoding="UTF-8"?>
<!DOCTYPE rdf [ <!ENTITY doc   "http://myorg.com/voc/doc">
         <!ENTITY rdfs  "http://www.w3.org/2000/01/rdf-schema"> ]>

<rdf:RDF
  xmlns:rdf ="http://www.w3.org/1999/02/22-rdf-syntax-ns#"
  xmlns:rdfs="&rdfs;#"
  xmlns:doc ="&doc;#"
  xmlns    ="&rdfs;#"
  xml:base ="&doc;" >

<Class rdf:ID="Document">
 <label xml:lang="en">document</label>
 <label xml:lang="fr">document</label>
</Class>

<Class rdf:ID="Report">
 <subClassOf rdf:resource="#  AAA  "/>
 <label xml:lang="en">report</label>
 <label xml:lang="fr">rapport</label>
</Class>

<Class rdf:ID="PublicDoc">
 <subClassOf rdf:resource="#Document"/>
 <label xml:lang="en">     BBB      </label>
 <label xml:lang="fr">document public</label>
</Class>

<Class rdf:ID="AnnualReport">
 <   CCC   rdf:resource="#PublicDoc"/>
 <subClassOf rdf:resource="#  DDD  "/>
 <label xml:lang="en">annual report</label>
 <label xml:lang="fr">  EEE   </label>
</Class>
</rdf:RDF>
```

Dans les questions suivantes nous vous demandons d'indiquer le code correspondant aux emplacements marqués :
AAA, BBB, CCC, DDD et **EEE**.

1. Quel est le code remplacé par la marque **AAA**?

2. Quel est le code remplacé par la marque **BBB**? (il s'agit de la traduction littérale la plus simple en minuscule)

3. Quel est le code remplacé par la marque **CCC**?

4. Quel est le code remplacé par la marque **DDD**?

5. Quel est le code remplacé par la marque **EEE**? (il s'agit de la traduction littérale la plus simple en minuscule)

Voici un deuxième extrait du code (en syntaxe Turtle/N3) qui pourrait être utilisé pour représenter l'ontologie que nous venons d'imaginer. Dans cet extrait, nous avons à nouveau supprimé plusieurs morceaux que nous vous demandons de retrouver.

```
@prefix doc: <http://myorg.com/voc/doc#> .
@prefix rdf: <http://www.w3.org/1999/02/22-rdf-syntax-ns#> .
@prefix rdfs: <http://www.w3.org/2000/01/rdf-schema#> .
@prefix xml: <http://www.w3.org/XML/1998/namespace> .
@prefix xsd: <http://www.w3.org/2001/XMLSchema#> .

doc:Agent a     AAA   ;
  rdfs:label "agent"@en,"agent"@fr .

doc:Group a rdfs:Class ;
  rdfs:label "group"@en,"groupe"@fr ;
    BBB     doc:Agent .

doc:Person a rdfs:Class ;
    CCC     "person"@en,"personne"@fr ;
  rdfs:subClassOf doc:Agent .

doc:hasAuthor a rdf:Property ;
  rdfs:label  "author"@en, "auteur"@fr ;
    DDD     doc:Document ;
    EEE     doc:Agent .

doc:hasName a     FFF   ;
    GGG     "name"@en, "nom"@fr ;
  rdfs:domain    doc:Agent ;
  rdfs:range    rdfs:Literal ;
    HHH     rdfs:label .
```

Dans les questions suivantes nous vous demandons d'indiquer le code correspondant aux emplacements marqués

AAA, BBB, CCC, DDD, EEE, FFF, GGG et HHH.

1. Quel est le code remplacé par la marque **AAA** dans cette déclaration de classe en utilisant les préfixes définis?

2. Quel est le code remplacé par la marque **BBB** dans cette déclaration d'une sous-classe d'Agent en utilisant les préfixes définis?

3. Quel est le code remplacé par la marque **CCC** dans cette déclaration du nom d'une classe en utilisant les préfixes définis?

4. Quel est le code remplacé par les marques **DDD** et **EEE** dans cette déclaration de la signature d'une propriété en utilisant les préfixes définis?

DDD :
EEE :

5. Quel est le code remplacé par les marques **FFF**, **GGG** et **HHH** dans cette déclaration d'une propriété, de ses liens hiérarchiques et de son nom, en utilisant les préfixes définis?

FFF :
GGG :
HHH :

Quiz N°49

ex:Man   owl:equivalentClass [owl:intersectionOf (ex:Male ex:Human)]

ex:Woman owl:equivalentClass [owl:intersectionOf (ex:Female ex:Human)]

ex:Human owl:equivalentClass [owl:unionOf (ex:Man ex:Woman)]

ex:John a ex:Man

ex:James a ex:Male

ex:Jane a ex:Human

Que peut-on en déduire ?
   a. James a ex:Man
   b. Jane a ex:Woman
   c. James a ex:Human
   d. John a ex:Male

Quiz N°50

ex:hasSpouse a owl:SymmetricProperty

ex:hasChild owl:inverseOf ex:hasParent

ex:hasParent rdfs:subPropertyOf ex:hasAncestor

ex:hasAncestor a owl:TransitiveProperty

ex:Jim ex:hasChild ex:Jane

ex:Jane ex:hasSpouse ex:John

ex:Jim ex:hasParent ex:James

Que peut-on en déduire ? (plusieurs réponses possibles)
  a. ex:Jane ex:hasParent ex:Jim
  b. ex:Jane ex:hasParent ex:James
  c. ex:Jane ex:hasAncestor ex:James
  d. ex:John ex:hasSpouse ex:Jane

Quiz N°51

ex:Human owl:equivalentClass foaf:Person

foaf:name owl:equivalentProperty ex:name

ex:JimmyPage a ex:Human ; owl:sameAs ex:JamesPatrickPage

ex:JimmyHendrix owl:differentFrom ex:JimmyPage

Que peut-on en déduire ?
  a. ex:JimmyHendrix a ex:Human
  b. ex:JimmyPage a foaf:Person ex:JimmyPage a foaf:Person
  c. ex:Human owl:sameAs foaf:Person

Quiz N°52

Que définit cet énoncé ?

```
ex:p a rdf:Property ;
 rdfs:domain [
  a owl:Class ;
  owl:unionOf (ex:A ex:B)
 ] .
```

  a. Les ressources sujet de la propriété p sont de type A ou de type
     B Les ressources sujet de la propriété p sont de type A ou de type B.
  b. Les ressources sujet de la propriété p sont dans le complémentaire du
     type A dans le type B
  c. Les ressources valeur de la propriété p sont de type A ou de type B
  d. Les ressources valeur de la propriété p sont dans le complémentaire
     du type A dans le type B
  e. Les ressources sujet de la propriété p sont de type A et de type B

En ne considérant que cette définition, les sujets ou valeurs de la propriété p puissent ils aussi appartenir à d'autres classes que A et B?

    a. Oui

    b. Non

Quiz N°53

Que définit cet énoncé ?

```
@prefix ex: <http://example.org/>

ex:Human rdfs:subClassOf [
  owl:intersectionOf (
  [
    a owl:Restriction ;
      owl:onProperty ex:hasFather ;
      owl:maxCardinality 1
  ]
  [
    a owl:Restriction ;
      owl:onProperty ex:hasMother ;
      owl:maxCardinality 1
  ] )
] .
```

    a. Les humains ont au moins un père et une mère

    b. Les humains ont au plus un père et une mère

    c. Les humains ont exactement un père et une mère

Avec cette définition que peut-on déduire des données suivantes ?

```
ex:John a ex:Human ;
  ex:hasFather ex:James , ex:Jimmy .
```

    a. Une erreur

    b. On ne peut rien déduire

    c. ex:James owl:sameAs ex:Jimmy

Quiz N°54

Que définit cet énoncé ?

```
@prefix ex: <http://example.org/>

ex:GrandFather rdfs:subClassOf [
  a owl:Class ;
  owl:intersectionOf ( ex:Parent ex:Man )
] .
```

    a. Tous les hommes ont un grand-père
    b. Les grands-pères sont des hommes qui sont parents
    c. Les hommes qui sont parents sont des grands-pères

Que peut-on déduire des données ci-dessous avec cette définition?

```
ex:Jim a ex:Man, ex:Parent .

ex:Jack a ex:GrandFather .
```

    a. ex:Jim a ex:Grandfather
    b. ex:Jim ex:hasChild _:b1 . _:b1 ex:hasChild _:b2
    c. ex:Jack a ex:Parent, ex:Man

Quiz N°55

Que définit l'énoncé suivant:

```
ex:UnluckyPerson owl:equivalentClass [
  a owl:Class ;
  owl:intersectionOf (
    ex:Person
    [ a owl:Class ; owl:complementOf ex:Lucky ]
  )
] .
```

a. Un chanceux est une personne qui fait partie de ceux qui ont de la chance
b. Etre chanceux signifie être une personne qui a de la chance
c. Etre malchanceux signifie l'absence de chance
d. Un malchanceux est une personne qui fait partie de ceux qui n'ont pas de chance

CORRECTIONS EXERCICES

Table des matières

Quiz N°1

Pour l'invention de quel terme Ted Nelson est-il connu ?
- a. Internet
- b. Mondaneum
- c. Hypertexte
- d. Web
- e. Mémex

EXPLICATIONS : Dans son article "Complex information processing: a file structure for the complex, the changing and the indeterminate", T. H. Nelson introduit la notion d'hypertexte et d'hypermédia en s'inspirant du Memex et de la notion de lien introduite par Vannevar Bush dans son article "As We May Think".

Quiz N°2

Identifier les trois notions au cœur de l'architecture initiale du Web
- a. Le protocole TCP/IP
- b. Le langage HTML
- c. Les feuilles CSS
- d. Les adresses URL
- e. Le protocole HTTP
- f. Les moteurs de recherche

EXPLICATIONS : Dès l'origine, le langage HTML fournit le langage de représentation des documents sur le Web, les adresses Web appelées URL permettent d'identifier et de localiser ces documents et le protocole HTTP permet d'échanger ces représentations entre un navigateur et un serveur Web.

Quiz N°3

Quel est le statut d'un standard finalisé au W3C ?
- a. Un « last Call »
- b. Une recommandation
- c. Une note
- d. Une activité
- e. Une soumission de membres
- f. Une RFC

EXPLICATIONS :
Au W3C, les standards sont appelés des recommandations ou "recommendations" en Anglais.

Quiz N°4

Quels standards suivants sont des langages au format XML ?
   a. HTTP 1.0
   b. HTML 3.2
   c. SVG 1.1
   d. WSDL 1.1
   e. DTD
   f. MathML 3.0

EXPLICATIONS :
Dans cette liste, seuls SVG, WSDL et MathML ont un format et une syntaxe XML.

Quiz N°5

Quel est le tout dernier standard d'identification internationalisé sur le Web ?
   a. URN
   b. URI
   c. Ressource
   d. IRI
   e. Namespace
   f. URL

EXPLICATIONS :
Les IRI permettent non seulement d'identifier n'importe quoi mais aussi de le faire en utilisant dans les identifiants des caractères de multiples langues (Français, Arabe, Chinois, etc.)

Dans cette liste, quel est le premier acteur à contrôler la réponse lorsque l'on interroge un URI http?

    a. Celui qui contrôle le serveur Web où sont les données à propos de cet URI

    | c. Celui qui possède le nom de domaine de cet URI |

    d. Celui qui publie les données à propos de cet URI

EXPLICATIONS :

Lorsque qu'un programme, par exemple un navigateur, déréférence une adresse HTTP URI ou URL il va adresser sa requête HTTP, en général un GET, aux machines qui gèrent le nom de domaine utilisé dans l'adresse. Si l'adresse est "http://blabla.fr/quelquechose" la requête sera envoyée à la machine gérant le domaine "blabla.fr".

Quiz N°7

Dans l'architecture Web sémantique, quels changements fait-on pour décrire des ressources ? (plusieurs réponses)

    a. HTTP remplacé par RDF

    | b. URL généralisés aux URI ou IRI |

    c. HTML remplacé par XSL

    | d. HTML remplacé par RDF |

    e. HTML remplacé par CSS

EXPLICATIONS :

L'idée a été principalement de généraliser les identifiants (URI, IRI) pour dépasser la simple localisation de documents sur le Web, et de se doter d'un langage (RDF) pour échanger des descriptions structurées sur ce que l'on pouvait dès lors identifier.

Quiz N°8

En utilisant un moteur de recherche sur le Web, retrouvez le document de la recommandation XML 1.0 (édition 5) sur le site du W3C.

De quelle année date l'édition 5 de la recommandation XML 1.0 ?

2008

EXPLICATIONS :
La réponse est sur la page de cette recommandation
http://www.w3.org/TR/2008/REC-xml-20081126/

Quiz N°9

Retrouver les étapes de standardisations.
Voici les étapes de standardisation au W3C dont on a enlevé des mots clefs
remplacés par **AAAA, BBBB, CCCC, DDDD** et **EEEE**

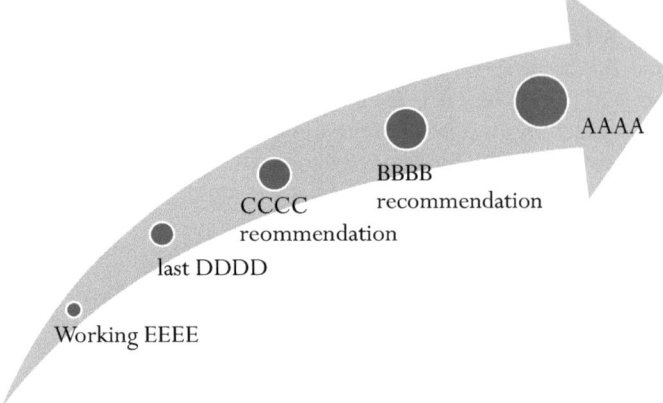

Indiquez le mot clef remplacé par **AAAA**	Recommendation
Indiquez le mot clef remplacé par **BBBB**	Proposed
Indiquez le mot clef remplacé par **CCCC**	Candidate
Indiquez le mot clef remplacé par **DDDD**	Call
Indiquez le mot clef remplacé par **EEEE**	Draft

En utilisant un moteur de recherche sur le Web, retrouvez le document RDF 1.1 « Concept and Abstract Syntax » au W3C. Assurez-vous d'être sur la version la plus à jour (lien « latest published version » dans le document).

Quel est le statut du document « RDF 1.1 « Concept and Abstract Syntax » au W3C ?

a. Working Draft
b. Candidate Recommendation
c. Recommendation
d. Proposed Recommendation
e. Last Call

Quiz N°11

Assurez que ce XML est bien formé, attention, vérifiez bien tous les caractères supprimés indiqués par **AAAA**, **BBBB**, **CCCC** et **DDDD**

```
<livre>
<AAAA>Architecture Now</titre>
<auteur>Jodidio, Philip<BBBB>
<ID isbn10="3822840912" CCCC>
<DDDD>
```

Indiquez le mot clef remplacé par **AAAA**	titre
Indiquez le mot clef remplacé par **BBBB**	/auteur
Indiquez le mot clef remplacé par **CCCC**	/
Indiquez le mot clef remplacé par **DDDD**	/livre

Quiz N°12

Dans l'architecture Web, on appelle « Ressource » :

a. Tout ce qui peut s'écrire en anglais
b. Tout ce qui peut être identifié par un URI
c. Tout ce qui a une page Web
d. Tous les objets physiques

EXPLICATION

Dès que quelque chose peut-être identifié en utilisant les identifiants standards du Web il devient une ressource dont le Web peut parler.

| Quiz N°13 |

Dans les principes de base des données ouvertes et liés sur le Web, on recommande … (plusieurs réponses)

    a. De définir des descriptions en anglais sur les ressources identifiées.

| b. D'utiliser des URI HTTP pour identifier des ressources |

    c. De publier toutes les données même les données privées.

    d. De mettre à jour les données en temps réel

| e. De renvoyer une description de la ressource quand son URI HTTP est suivi. |
| f. D'inclure dans les descriptions des liens vers d'autres descriptions |

    g. De traduire les descriptions dans un maximum de langues.

Quiz N°14

Quelle est la structure de données du modèle RDF ?
a. Un arbre XML
b. Une liste doublement chainée
c. Un multi-graphe étiqueté orienté
d. Une matrice d'adjacence
e. Un triplet unique

EXPLICATION

Le modèle RDF est un modèle de multi-graphe étiqueté et orienté:

Les triplets RDF forment des graphes en se connectant sur leurs sujets ou valeurs communs. Les sommets sont les ressources sujets ou valeurs de triplets et les arcs sont étiquetés par les propriétés.

Deux ressources peuvent être reliées par plusieurs propriétés; un graphe RDF est donc un multigraphe.

Les sommets sont étiquetés par des URI ou valeurs littérales et les arcs par des URI désignant des propriétés.

Les arcs sont orientés: le sommet origine d'un arc est le sujet du triplet et le sommet destination est la valeur du triplet.

Quiz N°15

Quelle est la syntaxe historique de RDF ?
a. TriG
b. N-triples
c. RDFa
d. RDF/XML
e. Turtle

EXPLICATION

La syntaxe XML de RDF fait partie de la recommandation de RDF 1.0 datant de 2004.
Turtle, N-Triples, RDFa, JSON-LD, TriG et N-Quads font partie de la recommandation de RDF 1.1 datant de 2014.

Quiz N°16

Que décrivent les données RDF/XML suivantes ?

```
<?xml version="1.0"?>
<rdf:RDF xmlns:rdf="http://www.w3.org/1999/02/22-rdf-syntax-ns#"
        xmlns:exs="http://example.org/schema#">
 <rdf:Description rdf:about="http://example.org/doc.html">
 <rdf:type rdf:resource="http://example.org/schema#Report"/>
 <exs:theme rdf:resource="http://example.org#Music"/>
 <exs:theme rdf:resource="http://example.org#History"/>
 <exs:nbPages
rdf:datatype="http://www.w3.org/2001/XMLSchema#int">23</exs:nbPage
s>
 </rdf:Description>
</rdf:RDF>
```

a. Une bibliographie avec 23 références en histoire de la musique
b. Un rapport de 23 pages sur le thème de la musique et de l'histoire
c. Un document à propos du rapport entre histoire et musique

EXPLICATION
Ces données RDF décrivent un fichier doc.html (la ressource
http://example.org/doc.html), de type Report
(http://example.org/schema#Report), de 23 pages (propriété exs:nbPages)
sur le thème de la musique et de l'histoire (deux propriétés exs:theme).

Quiz N°17

Pour représenter les trois seuls vainqueurs d'une course, classés selon
l'ordre d'arrivée, j'utilise préférablement…. ?:
a. Des alternatives (rdf:Alt)
b. Une séquence (rdf:Seq)
c. Une collection (rdf:List)
d. Un groupe (rdf:Bag)

EXPLICATION
Pour représenter les 3 seuls vainqueurs d'une course classés selon l'ordre
de leur arrivée, il est indiqué d'utiliser une collection: ses éléments sont
ordonnés et elle est fermée une fois déclarée.

Rdf:about	Rdf:resource	Rdf:type	Xsd:string
Rdf:datatype	Rdf:nil	Xml:lang	Rdf:List

Quel est le nom de l'attribut RDF permettant d'indiquer le sujet d'un triplet RDF dans la syntaxe XML ?	Rdf:about
Quel est le nom de l'attribut RDF permettant d'indiquer la valeur d'un triplet RDF, lorsqu'il s'agit d'une ressource, dans l'élément XML représentant la propriété du triplet RDF ?	Rdf:resource
Quel est le nom de l'attribut RDF permettant d'indiquer la valeur d'un triplet RDF, lorsqu'il s'agit d'une ressource, dans l'élément XML fils de celui représentant la propriété du triplet ?	Rdf:about
Quelle propriété RDF permet d'associer un type à une ressource ?	Rdf:type
Quel est le nom de l'attribut RDF qui permet de typer une valeur littérale ?	Rdf:datatype
Quel est le type par défaut d'une valeur littérale ?	Xsd:string
Quel es le nom de l'attribut qui permet de préciser la langue d'une valeur littérale ?	Xml:lang
Quel est le type d'une ressource représentant une liste de valeurs ?	Rdf:List
Quelle est l'URI représentant la liste vide ?	Rdf:nil

Nous allons maintenant construire une petite description RDF. Il s'agit de représenter l'énoncé suivant :

« Margot est une femme journaliste, âgée de 32 ans, mariée à Arthur qui est un homme avec qui elle a deux enfants, Marie qui est une femme et Simon qui est un homme. » Pour chaque personne on spécifie aussi explicitement le nom.

Commençons par analyser ce problème de modélisation dans la syntaxe abstraite du modèle RDF.

Compléter le graphe RDF suivant en utilisant les URI suivants :

:Arthur	:Simon	Voc:name	Voc:hasChild	Voc :hasSpuse	Rdf :type
Voc:Woman	Voc:man	Margot	Arthur	Marie	Simon

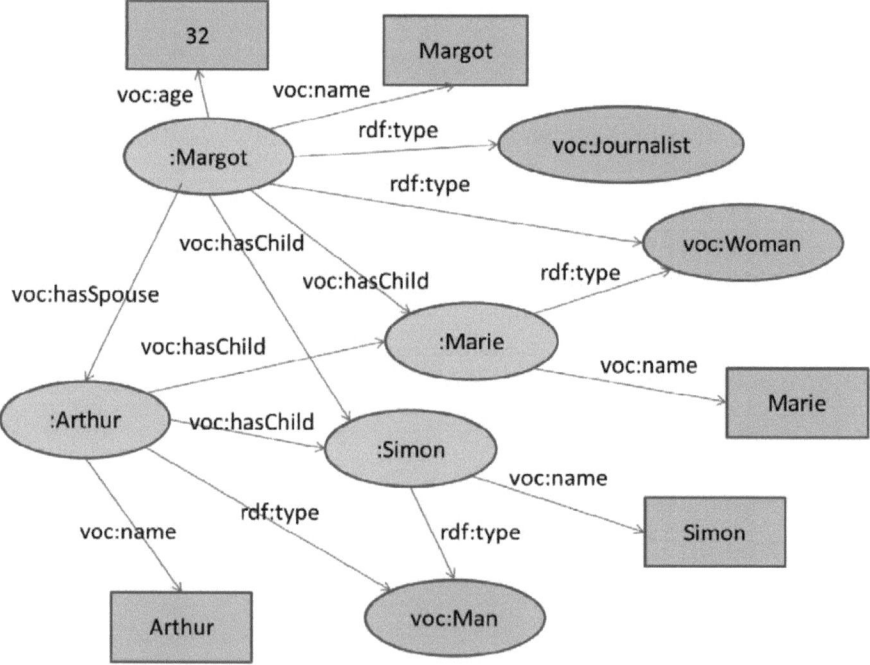

Quiz N°20

Considérer la base de triplet et la requête suivantes :
Voici une requête et une base de triplets. Quelles sont toutes les réponses trouvées par cette requête sur cette base ?

```
_:a ex:name "Fabien"
_:b ex:name "Thomas"
_:c ex:name "Lincoln"
_:d ex:name "Aline"
_:b ex:email <mailto:thom@chaka.sn>
_:a ex:email <mailto:Fabien.Gandon@inria.fr>
_:d ex:email <mailto:avalandre@pachinko.jp>
_:a ex:email <mailto:bafien@fabien.info>
```

triplets dans la base

```
SELECT ?name WHERE {
 ?x ex:name ?name ;
    ex:email ?email .
}
```

requête

Que contient le résultat de cette requête sur cette base ? (Sélectionnez toutes les affirmations vraies)

a. Fabien (1 fois)

b. Fabien (2 fois)

c. Fabien (3 fois)

d. Thomas (1 fois)

e. Thomas (2 fois)

f. Thomas (3 fois)

g. Lincoln (1 fois)

h. Lincoln (2 fois)

i. Lincoln (3 fois)

j. Aline (1 fois)

k. Aline (2 fois)

l. Aline (3 fois)

EXPLICATION
Comme Fabien a deux adresses mail, il y a deux façons de projeter le graphe de la question sur le graphe de la base de triplets autour de Fabien. Il n'y a aucune façon de le faire pour Lincoln et une seule façon de le faire pour Thomas et Aline.

Quiz N°21

Que demande cette requête ?

```
PREFIX  ex:  <http://www.exemple.abc#>
SELECT  ?x
WHERE  {
 ?x  rdf:type  ?type  .
 FILTER (! ( ?type = ex:Man ) )
}
```

    a. Toutes les femmes

    b. Les ressources qui ont au moins un type autre que ex:Man

    c. Tous les hommes

    d. Les ressources qui ne sont pas de type ex:Man

EXPLICATION
Pour que la requête demande toutes les femmes, il aurait fallu écrire :
?x rdf:type ex:Woman
Pour que la requête demande tous les hommes, il aurait fallu écrire :
?x rdf:type ex:Man
Pour que la requête demande les ressources qui ne sont pas de type ex:Man, il aurait fallu écrire :
?x rdf:type ?t
 minus { ?x rdf:type ex:Man }

Considérer la requête suivante :

```
prefix ex: <http://example.org/>
select *
from ex:g1
from named ex:g2
where {
  ?x ?p ?y
  graph ?g { ?y ?q ?z}
}
```

1- Sur quel graphe est calculé ?x ?p ?y

  a. Ex:g1
  b. Ex:g2
  c. Les deux
  d. Aucun des deux

EXPLICATION
?x ?p ?y est calculé sur le graphe spécifié par from ex:g1.
Pour qu'il soit évalué sur les deux graphes (l'union des deux), il faudrait écrire :
select *
from ex:g1
from ex:g2
where {
  ?x ?p ?y
}

2- sur quel graphe est calculé ?g

  a. Ex:g1
  b. Ex:g2
  c. Les deux
  d. Aucun des deux

EXPLICATION
graph ?g { ?y ?q ?z } est calculé sur le graphe spécifié par from named ex:g2.
Pour qu'il soit évalué sur les deux graphes, il faudrait écrire :
select *
from named ex:g1

```
from named ex:g2
where {
  graph ?g { ?y ?q ?z }
}
```

Quiz N°23

Regarder cette requête pour en déduire ce quelle fait.

```
prefix ex:  <http://example.org/>
select ?x (avg(?a) as ?b)
where {
  ?x ex:knows ?y .
  ?y ex:age ?a
}
group by ?x
```

    a. L'âge des connaissances de ?x
    b. La moyenne des âges des connaissances de ?x
    c. Le nombre de connaissances de ?x qui ont un âge
    d. Pour chaque valeur de ?x, la moyenne des âges des connaissances de ?x

EXPLICATION

L'énoncé « group by » groupe les résultats pour chaque valeur de ?x
L'opération d'aggrégation « avg » calcule la moyenne des valeurs de la variable « ?a », pour chaque valeur de « ?x »

Quiz N°24

Requête 1) select ?x ?p ?y   where { ?x ?p ?y }
Requête 2) construct { ?x ?p ?y } where { ?x ?p ?y }

1- ces deux requêtes retournent-elles le même résultat ?
    a. Oui
    b. Non

2- qu'est ce qui les différencie ?
   a. Rien, elles sont similaires
   b. L'ordre des résultats peut différer
   c. La (1) retourne des valeurs de variables, la (2) retourne des triplets
   d. La (1) retourne des triplets, la (2)   retourne   des   valeurs   de variables

EXPLICATIONS :
Les deux requêtes ont la même clause WHERE donc vont se déclencher sur les mêmes solutions mais l'une est un SELECT qui renvoie les valeurs des variables sélectionnées et l'autre est un CONSTRUCT qui produit des triplets comme résultats.

Quiz N°25

http://fr.dbpedia.org/sparql?query=select * where { ?x rdfs:label "Paris"@fr }

Que retourne cette requête HTTP ?
   a. La page d'accueil de fr.dbpedia.org
   b. Les ressources de dbpedia qui ont « Paris » comme label en anglais
   c. Les ressoures de dpbedia qui ont comme label « Paris » en français
   d. Vrai si le SPARQL endpoint de dbpedia trouve au moins une réponse à la requête
   e. Les labels de Paris dans dbpedia en français

EXPLICATIONS :
Il s'agit bien ici d'un appel à l'API REST (http://) du site DBpedia qui demande (query=...) les ressources (?x) de DBpedia.fr (appel à fr.dbpedia.org/sparql) qui ont comme label "Paris" en Français (@fr).
Vous pouvez d'ailleurs la tester vous-même :
http://fr.dbpedia.org/sparql?query=select   *   where   {   ?x   rdfs:label "Paris"@fr } .

Quiz N°26

Le langage de requête SPARQL :
   a. SPARQL permet d'ajouter et/ou de retirer un triplet, mais pas de le modifier
   b. La combinaison de DELETE et INSERT permet de modifier un triplet
   c. L'opération UPDATE permet de modifier un triplet

```
insert  data  { }
insert  { }  where  { }
```

    a. Il n'y a pas de différence
    b. Le premier insère des données et le deuxième insère des triplets
    c. Le premier insère des triplets décrits, le deuxième insère des triplets calculés

EXPLICATION
« insert data » insère les triplets directement, tels qu'ils sont écrits.
« insert where » insère les triplets de la partie « insert » en remplaçant les valeurs des variables par les valeurs des solutions trouvées par la partie « where » .

Quiz N°28
Que fait cette requête :

```
delete  { ?x  foaf:name  ?n }
insert  { ?x  rdfs:label  ?n }
where   { ?x  foaf:name  ?n }
```

    a. Elle retire les noms des ressources qui ont un label
    b. Elle remplace le nom des ressources par un label
    c. Elle ajoute un label aux ressources qui ont un nom

EXPLICATION
1) Trouver les solutions de la partie « where »
2) Pour chaque solution : retirer le triplet « name » correspondant
3) Pour chaque solution : ajouter un triplet « label » entre la valeur de « ?x » et la valeur de « ?n »

Quiz N°29

Si on réécrit le triplet requête suivant avec un filtre, lequel est correct ?

```
?x foaf:name "John"@fr
```

   a.   ?x foaf :name ?n. ?n = "john"@fr

   b.   ?x foaf :name ?n. filter(?n ="john"@fr)

   c.   ?x foaf :name ?n. filter ?n ="john"@fr

EXPLICATIONS :
Les autres syntaxes ne sont pas valides.

Quiz N°30

Quel filtre permet de trouver les ressources dont le nom est compris entre 'c' et 'o' ?

```
prefix foaf: <http://xmlns.com/foaf/0.1/>
select * where {
  ?x foaf:name ?n
  filter ( )
}
```

   a.   ?n>="c" && ?n<="o"

   b.   ?n="c" || ?n="o"

   c.   ?n<"c" && ?n> "o"

EXPLICATIONS :
Par ordre alphabétique il faut être après "c" (?n >= "c") et (&&) avant "o" (?n <= "o").

Quiz N°31

Que retourne cette requête ?

```
prefix foaf: <http://xmlns.com/foaf/0.1/>
select ?x (if (bound(?n), ?n, "JohnDoe") as ?m)
where {
  ?x foaf:knows ?y
  optional { ?y foaf:name ?n }
}
```

a. Les noms des connaissances de ?x quand elles ont un nom
b. Les noms des connaissances de ?x
c. Les noms des connaissances de ?x ou JohnDoe quand leur nom est inconnu
d. Les ?x qui ont des connaissances dont le nom est éventuellement JohnDoe

EXPLICATIONS :
Le "if" teste la valeur de "?n" pour savoir si elle est affectée et la substituer sinon.

Quiz N°32

Que retourne cette requête ?

```
prefix foaf: <http://xmlns.com/foaf/0.1/>
select * where {
  ?x a foaf:Person
  filter not exists { ?x foaf:knows ?y }
}
```

a. Les ressources qui connaissent quelqu'un
b. Les ressources qui ne connaissent pas grand monde
c. Les ressources qui ne connaissent personne
d. Les ressources qui connaissent ?y

EXPLICATIONS :
Le "not exist" vérifie l'absence de toute ressource reliée à ?x par la relation foaf:knows.

Quiz N°33

En considérant cette base de triplets

```
ex:John ex:age "18" .
ex:Jim  ex:age "20" .
ex:Jack ex:age "22" .
```

Comment corriger le filtre pour que la requête suivante retourne des résultats ?
   a. Filter(xsd :string(?a)<= 30)
   b. Filter(xsd :integer(?a)<= 30)
   c. Filter(?a <= xsd :integre(30))
   d. Filter(xsd :integre(?a) <= xsd :string(30))

EXPLICATIONS :
Il faut transformer la valeur littérale de la variable ?a en un entier (xsd:integer) afin d'en comparer la valeur numérique à l'entier 30.

Quiz N°34

Que fait cette requête.

```
prefix ex: <http://example.org/>
insert { ?y ex:hasParent ?x }
where  { ?x ex:hasChild  ?y }
```

   a. Mettre à jour les triplets hasParent
   b. Ajouter un triplet inverse hasParent pour chaque triplet hasChild
   c. Remplacer les triplets hasChild par des triplets hasParent

EXPLICATIONS :
Pour chaque triplet "?x ex:hasChild ?y" trouvé on ajoute un tripler "?y ex:hasParent ?x".

Quiz N°35

Que fait cette requête ?

```
prefix ex: <http://example.org/>
insert { ?x ex:count ?c }
where  {
  select ?x (count(?y) as ?c)
  where { ?x ex:hasChild ?y }
  group by ?x
}
```

a. Aouter des enfants

b. Ajouter des triplets avec le nombre d'enfants

c. Compter le nombre d'enfants

d. Ajouter des triplets avec le nombre de parents

EXPLICATIONS :
On génère le triplet "?x ex:count ?c" en ayant mis dans ?c le résultat du compte des enfants.

Quiz N°36

Que fait cette requête ?

```
prefix ex: <http://example.org/>
delete { ?x ex:age ?a }
insert { ?x ex:age ?i }
where {
 select ?x (xsd:integer(?a) as ?i)
 where {
  ?x ex:age ?a
  filter(xsd:datatype(?a) = xsd:string)
 }
}
```

a. Remplacer les triplets âge dont la valeur est une chaîne par des triplets dont la valeur est transformée en entier

b. Ajouter des triplets âge quand il en manque

c. Supprimer les triplets âge quand il y en a trop

EXPLICATIONS :
Si la valeur de l'age (?a) est du type xsd:string sa valeur entière est calculée (?i), le triplet est effacé et on insère le même avec la valeur entière.

Etant donné le graphe suivant :

---

ex:John foaf:name "John" ;
  rdfs:label "Jack" .

ex:Jim foaf:name "Jim" .

Les deux requêtes donnent-elles les mêmes résultats ?

```
select * where {
  { ?x foaf:name  ?n }
  union { ?x rdfs:label ?l }
}

select * where {
  ?x foaf:name  ?n
  optional { ?x rdfs:label ?l }
}
```

---

a. Oui
b. Non

EXPLICATIONS :
Nous avons trois résultats avec la première (deux noms et un label) et deux resultats avec la deuxième (un nom et un label ensemble, et un nom seul).

Quiz N°38

Etant donné le graphe suivant :

---

ex:John foaf:knows ex:Jack, ex:James .
ex:Jim foaf:knows ex:James, ex:Jack .

Que retourne la requête ci-dessous ?

```
prefix foaf: <http://xmlns.com/foaf/0.1/>
select distinct ?x ?z where {
 ?x foaf:knows ?y .
 ?z foaf:knows ?y
 filter (?x != ?z)
}
```

    a. ?x= ex:John, ?z=ex:"Jim"
    b. ?x= ex:Jim, ?z=ex:"John"
    c. ?x= ex:Jhon, ?z=ex:"Jim" ; ?x= ex:Jim, ?z=ex:"John"

EXPLICATIONS :
L'affection aux variables est prise en compte lors de la recherche des valeurs distinctes.

Quiz N°39

Comment trier les résultats par ordre alphabétique de nom et prénom

```
prefix ex: <http://example.org/>
select * where {
 ?x ex:firstName ?f ;
    ex:lastName  ?l
}
```

    a. Order by ?l
    b. Order by ?l ?f
    c. Order by ?f

EXPLICATION
On trie par ?l puis par ?f.

Quiz N°40

Que calcule cette requête ?

```
prefix ex: <http://example.org/>
select ?x (count(?doc) as ?c) where {
  ?x ex:author ?doc
}
group by ?x
order by desc(count(?doc))
```

    a. Compter les ressources auteur de documents

b. Compter les documents dont les ressources sont auteur et trier par ordre inverse de nombre de documents

    c. Compter les ressources auteur du plus grand nombre de documents

    d. Compter les documents dont les ressources sont auteur

EXPLICATION

?x représente les auteurs et est utilisé pour grouper les résultats alors que ?d représente les documents et fait l'objet d'un comptage et d'un tri.

Quiz N°41

Que calcule cette requête ?

```
select (concat(?f, ?l) as ?res)
where {
  ?x ex:firstName ?f ;
     ex:lastName  ?l
}
```

    a. Le prénom et le nom

b. La concaténation du prénom et du nom

    c. Le prénom ou le nom

EXPLICATION

Le SELECT utilise la fonction de concaténation de chaînes sur le prénom et le nom.

Quiz N°42

Que retourne cette requête ?

```
prefix ex: <http://example.org/>
select * where {
  ?x ex:date "2013-12-11"^^xsd:date
}
```

    a. Les ressources reliées à une ressource "2013-12-11"^^xsd:date
    b. Les ressources reliées à la chaîne de caractères "2013-12-11"
    c. Les ressources reliées à la date 2013-12-11

EXPLICATIONS :
L'instruction ^^xsd:date permet de typer le littéral "2013-12-11" comme une date.

Quiz N°43

Parmi les affirmations suivantes, lesquelles sont justes ? (plusieurs réponses)

    a. Une ontologie est forcément formalisée en logique du premier ordre

    b. Une ontologie peut permettre des raisonnements sur les données qui l'utilisent

    c. Les graphes conceptuels peuvent représenter une ontologie

    d. Une ontologie partagée favorise l'interopérabilité

    e. Les logiques de description peuvent représenter une ontologie

EXPLICATIONS :

Une ontologie n'est pas forcément formalisée et quand elle l'est ce peut être en logique du premier ordre ou dans d'autres langages formels comme les graphes conceptuels ou les logiques de description. Cette ontologie peut alors permettre des raisonnements sur les données qui l'utilisent et favoriser l'interopérabilité entre les systèmes qui l'ont adoptée.

Quiz N°44

Voici un petit schéma en RDFs :

```
@prefix rdfs: <http://www.w3.org/2000/01/rdf-schema#>
@base <http://inria.fr/2005/humans.rdfs>
<B> rdfs:subClassOf <A> .
<C> rdfs:subClassOf <A> .
<D> rdfs:subClassOf <B> .
<D> rdfs:subClassOf <C> .
```

Que définit-on et dérive-t-on de ces définitions ? (plusieurs réponses)

    a. A comme une sous-classe de B et C

    b. B et C comme des sous-classes de A

    c. B et C comme des sous-classes de D

    d. D comme une sous-classe de B et C

    e. D comme une sous-classe de A

Quiz N°45

Voici un petit schéma en RDFs :

```
@prefix rdfs: < http://www.w3.org/2000/01/rdf-schema# >
@base < http://inria.fr/2005/humans.rdfs >
<P2> rdfs:subPropertyOf <P1> .
<P3> rdfs:subPropertyOf <P1>.
<P4> rdfs:subPropertyOf <P2>, <P3>.
```

Que dire des propriétés définies dans ce schéma ? (plusieurs réponses)
- a. P2 et P3 héritent de P4
- b. P2 et P3 héritent de P1
- c. P2 hérite de P3
- d. P1 hérite de P2, P3 et P4
- e. P4 hérite de P1, P2 et P3
- f. Leur hiérarchie utilise l'héritage multiple

Quiz N°46

Voici un petit schéma en RDFs :

```
@prefix rdfs: < http://www.w3.org/2000/01/rdf-schema# >
@base < http://inria.fr/2005/humans.rdfs >
<P1> rdfs:subPropertyOf <P2> .
<P2> rdfs:domain <B> ; rdfs:range <C> .
<P1> rdfs:domain <A> .
```

Que définit-on et dérive-t-on de ces définitions ? (plusieurs réponses)
- a. P2 comme une propriété portant sur A
- b. P1 comme une propriété partant de ressources de type A ou B
- c. P1 comme une propriété partant de ressources étant à la fois A et B
- d. P2 comme une sous-propriété de P1
- e. P1 comme sous-propriété de P2
- f. P1 et P2 comme des propriétés arrivant à des objets de type C

EXPLICATIONS :
Pour rappel, le domain donne la classe de départ et le range la classe
d'arrivée d'une propriété. La signature complète d'une propriété peut
combiner plusieurs domain et plusieurs range qui s'appliquent alors tous.
La signature complète hérite aussi de toutes les classes ancêtres.

Quiz N°47

Voici un extrait du code (en syntaxe RDF/XML) qui pourrait être utilisé
pour représenter l'ontologie que nous venons d'imaginer.

Dans cet extrait nous avons supprimé plusieurs morceaux que nous vous
demandons de retrouver.

```
<?xml version="1.0" encoding="UTF-8"?>
<!DOCTYPE rdf [ <!ENTITY doc  "http://myorg.com/voc/doc">
        <!ENTITY rdfs "http://www.w3.org/2000/01/rdf-schema"> ]>

<rdf:RDF
  xmlns:rdf ="http://www.w3.org/1999/02/22-rdf-syntax-ns#"
  xmlns:rdfs="&rdfs;#"
  xmlns:doc ="&doc;#"
  xmlns    ="&rdfs;#"
  xml:base ="&doc;" >

 <Class rdf:ID="Document">
  <label xml:lang="en">document</label>
  <label xml:lang="fr">document</label>
 </Class>

 <Class rdf:ID="Report">
  <subClassOf rdf:resource="#  AAA  "/>
  <label xml:lang="en">report</label>
  <label xml:lang="fr">rapport</label>
 </Class>

 <Class rdf:ID="PublicDoc">
  <subClassOf rdf:resource="#Document"/>
  <label xml:lang="en">   BBB    </label>
  <label xml:lang="fr">document public</label>
 </Class>
```

```
<Class rdf:ID="AnnualReport">
 <   CCC   rdf:resource="#PublicDoc"/>
 <subClassOf rdf:resource="#   DDD  "/>
 <label xml:lang="en">annual report</label>
 <label xml:lang="fr">   EEE    </label>
</Class>
</rdf:RDF>
```

Dans les questions suivantes nous vous demandons d'indiquer le code correspondant aux emplacements marqués : **AAA**, **BBB**, **CCC**, **DDD** et **EEE**.

1. Quel est le code remplacé par la marque **AAA**?

Document

2. Quel est le code remplacé par la marque **BBB**? (il s'agit de la traduction littérale la plus simple en minuscule)

public document

3. Quel est le code remplacé par la marque **CCC**?

subClassOf

4. Quel est le code remplacé par la marque **DDD**?

Report

5. Quel est le code remplacé par la marque **EEE**? (il s'agit de la traduction littérale la plus simple en minuscule)

rapport annuel

Voici un deuxième extrait du code (en syntaxe Turtle/N3) qui pourrait être utilisé pour représenter l'ontologie que nous venons d'imaginer. Dans cet extrait, nous avons à nouveau supprimé plusieurs morceaux que nous vous demandons de retrouver.

```
@prefix doc: <http://myorg.com/voc/doc#> .
@prefix rdf: <http://www.w3.org/1999/02/22-rdf-syntax-ns#> .
@prefix rdfs: <http://www.w3.org/2000/01/rdf-schema#> .
@prefix xml: <http://www.w3.org/XML/1998/namespace> .
@prefix xsd: <http://www.w3.org/2001/XMLSchema#> .

doc:Agent a      AAA    ;
   rdfs:label "agent"@en,"agent"@fr .

doc:Group a rdfs:Class ;
   rdfs:label "group"@en,"groupe"@fr ;
      BBB     doc:Agent .

doc:Person a rdfs:Class ;
      CCC     "person"@en,"personne"@fr ;
   rdfs:subClassOf doc:Agent .

doc:hasAuthor a rdf:Property ;
   rdfs:label "author"@en, "auteur"@fr ;
      DDD     doc:Document ;
      EEE     doc:Agent .

doc:hasName a      FFF    ;
      GGG     "name"@en, "nom"@fr ;
   rdfs:domain    doc:Agent ;
   rdfs:range     rdfs:Literal ;
      HHH        rdfs:label .
```

Dans les questions suivantes nous vous demandons d'indiquer le code correspondant aux emplacements marqués AAA, BBB, CCC, DDD, EEE, FFF, GGG et HHH.

1. Quel est le code remplacé par la marque **AAA** dans cette déclaration de classe en utilisant les préfixes définis?

rdfs:Class

2. Quel est le code remplacé par la marque **BBB** dans cette déclaration d'une sous-classe d'Agent en utilisant les préfixes définis?

rdfs:subClassOf

3. Quel est le code remplacé par la marque **CCC** dans cette déclaration du nom d'une classe en utilisant les préfixes définis?

rdfs:label

4. Quel est le code remplacé par les marques **DDD** et **EEE** dans cette déclaration de la signature d'une propriété en utilisant les préfixes définis?

DDD : rdfs:domain

EEE : rdfs:range

5. Quel est le code remplacé par les marques **FFF**, **GGG** et **HHH** dans cette déclaration d'une propriété, de ses liens hiérarchiques et de son nom, en utilisant les préfixes définis?

FFF : rdf:Property

GGG : rdfs:label

HHH : rdfs:subPropertyOf

Quiz N°49

ex:Man   owl:equivalentClass [owl:intersectionOf (ex:Male ex:Human)]

ex:Woman owl:equivalentClass [owl:intersectionOf (ex:Female ex:Human)]

ex:Human owl:equivalentClass [owl:unionOf (ex:Man ex:Woman)]

ex:John a ex:Man

ex:James a ex:Male

ex:Jane a ex:Human

Que peut-on en déduire ?
   a. James a ex:Man
   b. Jane a ex:Woman
   c. James a ex:Human
   d. John a ex:Male

EXPLICATIONS
Exemple 1
John a pour classe Man et Man est l'intersection de Male et Human, donc Man implique Male, d'où l'on déduit que John a pour classe Male.

Exemples 2 et 3
James a pour classe Male mais on ne sait pas s'il a pour classe Human (il pourrait être un animal), on ne sait pas non plus s'il est de classe Man.

Exemple 4
Jane est de classe Human mais on n'a pas plus d'information

ex:hasSpouse a owl:SymmetricProperty

ex:hasChild owl:inverseOf ex:hasParent

ex:hasParent rdfs:subPropertyOf ex:hasAncestor

ex:hasAncestor a owl:TransitiveProperty

ex:Jim ex:hasChild ex:Jane

ex:Jane ex:hasSpouse ex:John

ex:Jim ex:hasParent ex:James

Que peut-on en déduire ? (plusieurs réponses possibles)

a. ex:Jane ex:hasParent ex:Jim

b. ex:Jane ex:hasParent ex:James

c. ex:Jane ex:hasAncestor ex:James
d. ex:John ex:hasSpouse ex:Jane

EXPLICATIONS
Exemple 1
ex:Jim ex:hasChild ex:Jane &
ex:hasChild owl:inverseOf ex:hasParent =>
ex:Jane ex:hasParent ex:Jim
Jim a pour valeur de hasChild Jane, or la propriété hasChild est l'inverse de hasParent, donc Jane a pour valeur de hasParent Jim.

Exemple 2
ex:Jane ex:hasParent ex:Jim &
ex:Jim ex:hasParent ex:James
Jane a pour valeur de hasParent Jim et Jim a pour valeur de hasParent James.
La propriété hasParent n'étant pas déclarée comme transitive, on ne peut pas déduire que Jane a pour valeur de hasParent James.

Exemple 3
ex:hasParent rdfs:subPropertyOf ex:hasAncestor &

ex:Jane ex:hasParent ex:Jim &
ex:Jim ex:hasParent ex:James
=>
ex:Jane ex:hasAncestor ex:Jim &
ex:Jim ex:hasAncestor ex:James
or
ex:hasAncestor a owl:TransitiveProperty
d'où
ex:Jane ex:hasAncestor ex:James
Ici on déduit les occurrences de hasAncestor à partir de hasParent car
hasParent spécialise hasAncestor (subPropertyOf)
Or hasAncestor est transitive, d'où l'on peut déduire que Jane a pour valeur
de hasAncestor James.

Exemple 4
ex:Jane ex:hasSpouse ex:John &
ex:hasSpouse a owl:SymmetricProperty
=>
ex:John ex:hasSpouse ex:Jane
Jane a pour valeur de hasSpouse John et la propriété hasSpouse est
symétrique, d'où l'on peut déduire que John a pour valeur de hasSpouse
Jane

Quiz N°51

ex:Human owl:equivalentClass foaf:Person

foaf:name owl:equivalentProperty ex:name

ex:JimmyPage a ex:Human ; owl:sameAs ex:JamesPatrickPage

ex:JimmyHendrix owl:differentFrom ex:JimmyPage

Que peut-on en déduire ?
   a. ex:JimmyHendrix a ex:Human
   b. ex:JimmyPage a foaf:Person
   c. ex:Human owl:sameAs foaf:Person

EXPLICATIONS

EXPLICATIONS

Exemple 1

ex:Human owl:equivalentClass foaf:Person &

ex:JimmyPage a foaf:Person

=>

ex:JimmyPage a ex:Human

Les classes Human et Person sont équivalentes et JimmyPage est de classe Human, d'où l'on déduit qu'il est aussi de classe Person.

Exemple 2

On ne peut pas déduire

ex:Human owl:sameAs foaf:Person sous prétexte que

ex:Human owl:equivalentClass foaf:Person car être "équivalent" n'implique pas être "la même chose".

Exemple 3

ex:JimmyHendrix owl:differentFrom ex:JimmyPage

ne permet pas de déduire

ex:JimmyHendrix a ex:Human

Quiz N°52

Que définit cet énoncé ?

```
ex:p a rdf:Property ;
 rdfs:domain [
  a owl:Class ;
  owl:unionOf (ex:A ex:B)
 ] .
```

   a. Les ressources sujet de la propriété p sont de type A ou de type B Les ressources sujet de la propriété p sont de type A ou de type B.
   b. Les ressources sujet de la propriété p sont dans le complémentaire du type A dans le type B
   c. Les ressources valeur de la propriété p sont de type A ou de type B
   d. Les ressources valeur de la propriété p sont dans le complémentaire du type A dans le type B
   e. Les ressources sujet de la propriété p sont de type A et de type B

EXPLICATIONS :
Le domaine de la propriété p est restreint à l'union de A et B et donc les sujets de cette propriété seront de type A ou de type B (ou les deux!)

En ne considérant que cette définition, les sujets ou valeurs de la propriété p puissent ils aussi appartenir à d'autres classes que A et B?

a. Oui

b. Non

EXPLICATIONS :
Sauf cas explicites comme par exemple la disjonction de classes une ressource peut de toute façon appartenir à autant de classes qu'on le veut.

Quiz N°53

Que définit cet énoncé ?

```
@prefix ex: <http://example.org/>

ex:Human rdfs:subClassOf [
 owl:intersectionOf (
  [
    a owl:Restriction ;
     owl:onProperty ex:hasFather ;
     owl:maxCardinality 1
  ]
  [
    a owl:Restriction ;
     owl:onProperty ex:hasMother ;
     owl:maxCardinality 1
  ])
].
```

a. Les humains ont au moins un père et une mère

b. Les humains ont au plus un père et une mère

c. Les humains ont exactement un père et une mère

EXPLICATIONS :
On indique que les cardinalités maximales de ex:hasMother et de ex:hasFather sont de 1 mais on ne dit rien sur leurs cardinalités minimales.

Avec cette définition que peut-on déduire des données suivantes ?

```
ex:John a ex:Human ;
  ex:hasFather ex:James , ex:Jimmy .
```

    a. Une erreur
    b. On ne peut rien déduire
    c. ex:James owl:sameAs ex:Jimmy

EXPLICATIONS :
Comme on a deux URI pour le père de John on en déduit qu'elles identifient la même ressource.

Quiz N°54

Que définit cet énoncé ?

```
@prefix ex: <http://example.org/>

ex:GrandFather rdfs:subClassOf [
  a owl:Class ;
  owl:intersectionOf ( ex:Parent ex:Man )
] .
```

    a. Tous les hommes ont un grand-père
    b. Les grands-pères sont des hommes qui sont parents
    c. Les hommes qui sont parents sont des grands-pères

EXPLICATIONS :
La relation rdfs:subClassOf introduit une implication à sens unique: la classe ex:GrandFather est sous classe de l'intersection de ex:Parent et ex:Man.

Que peut-on déduire des données ci-dessous avec cette définition?

ex:Jim a ex:Man, ex:Parent .

ex:Jack a ex:GrandFather .

    a. ex:Jim a ex:Grandfather
    b. ex:Jim ex:hasChild _:b1 . _:b1 ex:hasChild _:b2
    c. ex:Jack a ex:Parent, ex:Man

EXPLICATIONS :
L'implication précédente s'applique à Jack mais il n'y a pas d'implication inverse pour Jim comme nous l'avons vu.

Quiz N°55

Que définit l'énoncé suivant:

```
ex:UnluckyPerson owl:equivalentClass [
 a owl:Class ;
 owl:intersectionOf (
  ex:Person
  [ a owl:Class ; owl:complementOf ex:Lucky ]
 )
] .
```

    a. Un chanceux est une personne qui fait partie de ceux qui ont de la chance
    b. Etre chanceux signifie être une personne qui a de la chance
    c. Etre malchanceux signifie l'absence de chance
    d. Un malchanceux est une personne qui fait partie de ceux qui n'ont pas de chance

EXPLICATIONS :
La classe ex:UnluckyPerson est définie comme équivalente à l'intersection entre la classe ex:Person et le complémentaire de la classe ex:Lucky. Donc les ex:UnluckyPerson sont forcément des personnes qui ne sont pas ex:Lucky, et vice-versa.

BIBLIOGRAPHIES

[1]   Bescherelle © Editions Hatier
      (http://descencyclopedie.wikia.com/wiki/Fichier:Bescherelle.gif)

[2]   Built-in datatypes, W3C, vu le 25/11/2014
      (http://www.w3c.org/TR/xmlschema-2/)

[3]   Capture d'écran du navigateur Web original NeXT en 1993
      (Image :   CERN   –
      http://home.web.cern.ch/fr/about/updates/2013/04/twenty-years-free-
      open-web).

[4]   Complex information processing : a file structure for the complex,
      the changing and the indeterminate, T.H.Nelson, ACM, 1965.

[5]   CSS Zen Garden – CC BY-NC-SA 3.0
      (http://www.csszengarden.com/)

[6]   EAN by Crevette – CC BY-NC-SA 2.0
      (https://flic.kr/p/4snaAi).

[7]   Information Management : AProposal Tim Berners-Lee, CERN,
      March 1989, May 1990.

[8]   Logo W3C
      (http://www.w3c.org/Icons/w3c_home)

[9]   MEMEX, life Magazine, 10 septembre 1945.

[10] RDF 1.0 and 1.1 serialzation formats, W3C, vu le 25/11/2014
      (http://www.w3c.org/TR/rdf11-new/)

[11] Site Inria : www.inria.fr

[12] Standardization Work at W3C : Web Services ans Semantics,
      CarineBournez
      (http://www.w3c.org/2005/Talks/1110-cb-ec/#%282%29)

[13] Ted Nelson by Gisle Hannemyr – CC-BY-SA-3.0.

[14] Tim Berners-Lee by Athanasios Kasampalis – CC BY-NC-ND 2.0
      (https://www.flickr.com/photos/12693492@N04/1339026964).

[15] Tin can phone by Kit Cowan – CC BY-NC-ND 2.0 (https://flic.kr/p/4cUMvV)

[16] Vannevar Bush with his differential Analyser, c. 1935. MIT Museum by Revol Web – CC BY-SA 2.0 (https://www.flickr.com/photos/revolweb/3985110824/).

[17] W3C Semantic Web Logo, W3C, vu le 25/11/2014 (http://www.w3c.org/2001/sw/)

More Books!

yes

Oui, je veux morebooks!

I want morebooks!

Buy your books fast and straightforward online - at one of the world's fastest growing online book stores! Environmentally sound due to Print-on-Demand technologies.

Buy your books online at
www.get-morebooks.com

Achetez vos livres en ligne, vite et bien, sur l'une des librairies en ligne les plus performantes au monde!
En protégeant nos ressources et notre environnement grâce à l'impression à la demande.

La librairie en ligne pour acheter plus vite
www.morebooks.fr

SIA OmniScriptum Publishing
Brivibas gatve 1 97
LV-103 9 Riga, Latvia
Telefax: +371 68620455

info@omniscriptum.com
www.omniscriptum.com

OMNIScriptum

MIX
Papier aus verantwortungsvollen Quellen
Paper from responsible sources
FSC® C105338

Printed by Books on Demand GmbH, Norderstedt / Germany